主编：夏春锦 周音莹

说郁达夫

陈子善 著

研究《沉沦》的珍贵史料
《她是一个弱女子》手稿本
郁达夫与鲁迅交往年表
郁达夫致王映霞的一通情书
一位普通的郁达夫研究者

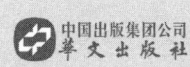

图书在版编目（CIP）数据

说郁达夫 / 陈子善著. —— 北京：华文出版社，2020.10
（知新文丛 / 夏春锦，周音莹主编）
ISBN 978-7-5075-5302-4

Ⅰ. ①说… Ⅱ. ①陈… Ⅲ. ①郁达夫（1896—1945）－人物研究②郁达夫（1896—1945）－文集 Ⅳ. ①K825.6②I216.2

中国版本图书馆CIP数据核字（2020）第145854号

说郁达夫

作　　者：	陈子善
内封绘画：	郁　风
责任编辑：	南　洋
出版发行：	华文出版社
地　　址：	北京市西城区广外大街305号8区2号楼
邮政编码：	100055
网　　址：	http://www.hwcbs.com.cn
电　　话：	总 编 室 010-58336239　发 行 部 010-58336253　58336202
	责任编辑 010-58336251
经　　销：	新华书店
印　　刷：	三河市祥宏印务有限公司
开　　本：	880mm×1230mm　1/32
印　　张：	9.875
字　　数：	185千
版　　次：	2020年10月第1版
印　　次：	2020年10月第1次印刷
标准书号：	ISBN 978-7-5075-5302-4
定　　价：	48.00元

版权所有　侵权必究

目　录

代序　陨落星辰中最耀眼的
　　——在郁达夫遇害60周年纪念会上的发言　　001

第一辑　集外文查考

郁达夫：东瀛十年与"私小说"　　002
研究《沉沦》的珍贵史料　　009
《银灰色的死》的发表经过　　018
邓脱路、日新里和《春风沉醉的晚上》　　022
《她是一个弱女子》手稿本　　025
杂谈新发现的郁达夫集外文　　040
《Huala!Huala!》的发现　　052
达夫的"志摩全集序"　　056
《战地归鸿》重现人间　　058
《回忆鲁迅》补遗　　064

《孔夫子博览会开幕致词》及其他 067
郁达夫致王映霞的一通情书 070
从郁达夫致蔡元培的佚简说起 076
郁达夫致郑子瑜佚简 080
重见天日的一册郁达夫日记 082
郁达夫的德文诗 085
新发现的《钓台题壁》诗幅 088
郁达夫的笔名 090
"达夫"何其多
——郁达夫小识 092

第二辑 文坛交游追索

郁达夫与鲁迅交往年表 098
鲁迅郁达夫的第二次见面 155
郁达夫与鲁迅的《故乡》 158
曹禺·《玄背》·郁达夫 161
一件终于搞清的史实 164
也谈《诉诸日本无产阶级文艺界同志》 167
湮没不彰的史实：郁达夫与共产党人 169
郁达夫参加了左联成立大会吗？ 178
左联·郁达夫·《北斗》 181
柳亚子与郁达夫 200

林语堂、郁达夫友谊的新见证	207
郁达夫译《瞬息京华》	210
语堂故居与达夫译文	213
郁达夫在新加坡活动考略	216

第三辑　研究史回顾

刘延陵忆郁达夫	222
刘大杰四咏郁达夫	228
《郁达夫全集》出版种种	232
再说《达夫全集》	235
郑子瑜编《达夫诗词集》	239
冯雪峰编《郁达夫选集》	245
陆丹林与《郁达夫诗词钞》	249
墙里开花墙外红	
——郁达夫作品在香港	251
纪念郁达夫百岁诞辰的书	259

第四辑　前言后语

《郁达夫忆鲁迅》编后记	264
《回忆郁达夫》编辑前言	267
《卖文买书——郁达夫和书》编后缀言	273

没有"创造气"的郁达夫

——《逃避沉沦》编者序 　　　　　　　276

写在《沉沦》新编本前面 　　　　　　　278

说新编《郁达夫游记》 　　　　　　　　281

《全集补》出版说明 　　　　　　　　　284

第五辑　附录

你知道鲁迅先生是怎样抽烟的吗？

——郁风老师琐忆 　　　　　　　　　290

一位普通的郁达夫研究者

——纪念达夫长子郁天民 　　　　　　294

郁黎民先生的《我这一生》 　　　　　　298

跋 　　　　　　　　　　　　　　　　303

代序　陨落星辰中最耀眼的
——在郁达夫遇害 60 周年纪念会上的发言

抗日战争胜利以后，温州诗人莫洛先生编辑了一本《陨落的星辰》①，深情纪念八年抗战期间逝世的文化人，包括作家、诗人、评论家和艺术家等。这是一本令人心碎也令人愤懑的书，日本侵略者的侵华铁蹄不仅使成千上万普通中国民众饱受蹂躏，家破人亡，更使许许多多中华民族的文化精英过早地结束了他们的文艺生涯和学术生涯，这个损失实在是难以估量。

在陨落的星辰中，郁达夫无疑是最为耀眼的一位。何况他的被害，是在日本侵略者无条件投降之后，这就更使人痛惜不已。时隔 60 年，郁达夫的遇害真相，郁达夫的遗骸埋葬地，仍存在许多疑点，产生很大争议，仍未能最后水落石出，也不能不使人扼腕不已。

作为"五四"的产儿，郁达夫的名字是与中国新文学紧

---

① 莫洛：《陨落的星辰》，上海人间书屋，1949 年 1 月初版。

密联系在一起的。在新文学进程的第一个十年（1917—1927）期间，郁达夫的文名之大，甚至超过了鲁迅，就再清楚不过地说明了郁达夫在新文学史上的显赫地位。他的小说集《沉沦》、散文集《日记九种》等，缠绵感伤，勇于"创造"，开一代自我抒情文学的风气，在当时都是脍炙人口的畅销书，一版再版，爱好新文学的青年人几乎人手一册，这种情景就是在今天也是令人羡慕的。《春风沉醉的晚上》《过去》《迟桂花》等郁达夫中、后期小说创作中的"自叙传"名篇，更是20世纪中国文学宝库中璀璨的明珠，一直是大学中文系中国现代文学课程的必选读物。

与此同时，郁达夫又是继承发扬中国文学悠久传统最力者之一。他的旧体诗词清词丽句，写得实在好，虽然他自嘲是"骸骨迷恋"，"曾因酒醉鞭名马，生怕情多累美人"，这两句诗应可视作郁达夫一生最生动的写照。不久前有研究者编选《二十世纪诗词注评》[①]，郁达夫入选五首，比毛泽东和鲁迅都多了一首，与苏曼殊、柳亚子、夏承焘、俞平伯、唐圭璋、聂绀弩、沈祖棻七家并列（入选五首的八大家，正好七男一女，或可戏称"八仙过海"），其影响之大由此可见一斑。

对郁达夫作品特别是小说的评价，历来毁誉参半。他的卑己自牧，淹滞风流，被贬为"消极""颓废"，在郁达夫生前身后，都如影随形伴随着他。就是与他在创造社中形成双子

---

① 钱理群、袁本良：《二十世纪诗词注评》，广西师范大学出版社，2005年6月初版。

星座的郭沫若，20世纪50年代初竟也认为郁达夫不宜出版全集，只出一本薄薄的选本就已足够了，从而间接导致了郁达夫作品的搜集整理推迟了30多年之久。不过，郭沫若后来为郁达夫旧体诗词集作序，提出对待前人，其长处应用放大镜观之，其局限应用显微镜观之，却是颇有见地的。

20世纪50年代以后，大陆闭关自守，郁达夫长期被雪藏，直至80年代改革开放，郁达夫其人其文才重见天日，郁达夫研究才走上正轨。1980至1990年代前期，是郁达夫研究的勃兴期，《郁达夫文集》（1982—1984年花城出版社）之后又有《郁达夫全集》（1992年12月浙江文艺出版社），可惜全集印数太少，一般读者恐怕难以见到。《郁达夫研究资料》《回忆郁达夫》等书（以上陈子善、王自立合编）的陆续问世，为郁达夫研究打下了良好的基础。《郁达夫新论》（许子东著）、《千秋饮恨——郁达夫年谱长编》（郭文友编著）、《达夫心经》（曾焯文著）等一系列研究著作的出版，也把郁达夫研究不断推向深入。

然而，近年来不论是大陆还是海外，郁达夫研究趋于沉寂。其实，郁达夫早年文稿，包括留日期间的小说、诗词、日记、书信等，还有待发掘、整理和研究。郁达夫的作品与国族、城市、性别、战争等当今海内外学界关注的热门话题，也有着纠缠不清的复杂关系，运用女性主义、后现代、后殖民、文化批评等时髦理论同样可以重新理解、重新阐释郁达夫。郁达夫研究完全存在不断言说、不断拓展的空间，有兴趣者不妨一试。

郁达夫与日本的关系特别深厚,可用"剪不断,理还乱"来形容。他早年负笈东瀛,新文学生涯就是在这个一衣带水的邻国起步的,他在日本文坛有着极为广泛的交游,对中日文化交流作出过重要贡献。但当日本侵略中国,郁达夫立即毫不留情地予以谴责。他在抗战期间写下的《日本的娼妇与文士》《"文人"》等振奋人心的抗战檄文,对日本侵略者的声讨义正辞严、不遗余力。谁都不曾料到,郁达夫的老母长兄都惨死于日本侵略者及其帮凶的毒手,最后他自己也倒在日本宪兵罪恶的枪声之下,所谓"国仇家恨",在郁达夫身上是体现得最为充分的了。郁达夫遇害时年刚半百,假以时日,不知他还有多少优秀之作可以酝酿创作,那样的话中国新文学史也许又要重写了。

如果说在二战的漫天战火中,德国失去了本雅明,奥地利失去了茨威格,英国失去了伍尔夫,法国失去了圣-埃克苏佩里,是20世纪全人类的共同损失,是人类优秀文化的浩劫,那么中国失去了郁达夫,同样应作如是观。

八年抗战陨落的文学星辰中,郁达夫确实是最为耀眼的。

2005年9月28日

第一辑　集外文查考

郁达夫：东瀛十年与"私小说"

谁都难以否认，郁达夫是20世纪中国作家中风格独特的一位，同时也是最易遭人误解的一位。我说"20世纪中国作家"，而不按以往的习惯说"中国现代作家"，是因为郁达夫不但在新文学，即"五四"以来的白话文学领域里是开一代风气的人物，在旧体诗词创作上也卓然成家，是吴梅村、黄仲则一派的传人。这样穿梭于新与旧、博古又通今的作家，在20世纪的中国文坛上其实只有屈指可数的几位。即使名气比郁达夫大的郭沫若，人们拿他的"诗人气质"来为他的一些实在有悖知识分子良知的言行辩护，但他后来的旧体诗词写到了"顺口溜"的地步，我们也只能摇头而无话可说了。我承认郭沫若才气横溢，我也承认郭沫若在新文学运动初期的杰出贡献，但在这两位创造社最具代表性的作家，所谓"孤竹君之二子"中，我一直认为郁达夫真率可爱。

留学东瀛十年，在郁达夫的生命史上是一个重要的转折。他的新文学创作就是在日本起步的。他那部新文学史上第一本，同时也是惊世骇俗的短篇小说集《沉沦》，所写的全是留学生涯的悲欢离合，《沉沦》和《银灰色的死》中的"他"，《南迁》中的"伊人"，其实都是郁达夫的夫子自道，正如他一再申明的"文学作品，都是作家的自叙传"。当时我国青年学子在日本所经受的中西、中日之间的政治激荡和文化冲突对他们的心理和生理所产生的影响，在这些小说中真是表现得淋漓尽致，至今读来仍使人感到强烈的震撼。相比之下，近年出现的一些"留学生文学"，反而逊色多了。

人们在谈论郁达夫的文学创作与外国文学的关系时，经常引用郁达夫那篇有名的《五六年创作生活的回顾》中回忆他留学初期，即1914年7月考入东京第一高等学校预科之后读书经历的一段话：

> 这一年的功课虽则很紧，但我在课余之暇，也居然读了两本俄国杜儿葛纳夫（今译屠格涅夫——笔者注）的英译小说，一本是《初恋》，一本是《春潮》。和西洋文学的接触开始了，以后就急转直下，从杜儿葛纳夫到托尔斯泰，从托尔斯泰到独思托以夫斯基（今译陀思妥耶夫斯基——笔者注）、高尔基、契诃夫，更从俄国作家，转到德国各作家的作品上去。

证之以《沉沦》一书三篇小说中所提到或引用的欧美作家，就有歌德、尼采、叔本华、海涅、彭斯、华兹华斯、拜伦、济慈、斯蒂文森、道生、吉辛、J·汤姆逊、卢梭、雨果、威廉·亨利、果戈理、屠格涅夫、陀思妥耶夫斯基、托尔斯泰、邓南遮、爱默森、梭罗等，甚至还有《圣经》，还有瓦格纳的歌剧《汤豪塞》，确实够惊人的。其中有些人直至今日，国内还未认真介绍过，足见郁达夫回忆不虚。但郁达夫接着所说的"在高等学校里住了四年，共计所读的俄德英日法的小说，总有一千部内外"，未免有些夸大。若以一千部小说计，4年之中每年要读250部，平均3天至少读2部，郁达夫英文和日文造诣再高，再囫囵吞枣，恐怕也是来不及的。

当然，郁达夫的"读小说之癖"在留学日本时养成，创作小说的冲动在留学日本时萌芽，这都是毫无疑义的。郁达夫的小说，特别是早期作品深受日本"私小说"的影响，现在也已成为郁达夫研究者的共识，早已有论者把郁达夫与佐藤春夫作过比较，现在又有论者把郁达夫与永井荷风进行比较的，都取得了可喜的成果。只是差不多所有的研究者至今未曾注意到郁达夫在《五六年创作生活的回顾》中紧接着上录引文之后所说的两句话：

> 后来甚至于弄得把学校的功课丢开，专在旅馆里读当时流行的所谓软文学作品。

虽然郁达夫在这里只是点到为止，没有进一步说明，但却透露了一个颇为重要的信息。我感到兴趣的，是郁达夫留日期间在日本流行的"所谓软文学作品"是指哪些作品？郁达夫到底读过哪些"软文学作品"？这些"软文学作品"对郁达夫的小说创作有没有影响？如果有，又有些什么样的影响？如此等等，我认为都是值得认真探索和研讨的。

郁达夫早年的日记还有相当部分幸存于世，但在这些日记尚未全部公布之前，上述疑问恐怕难以找到令人信服的解答。不过，显而易见的是，郁达夫所谓的"软文学作品"，并不包括欧美经典名著，而是专指日本明治后期和大正初期的流行文学，特别是"性文学"作品。有意思的是，《沉沦》书中提到和引用了那么多欧美作家，可谓包罗万象，提到日本作家的作品却只有唯一一部，就是《南迁》中"伊人"所读的"一册当时新出版的日本的小说《一妇人》"。据查考，《一妇人》是有岛武郎的长篇代表作，先连载于1911年1月至1913年3月的《白桦》杂志，后于1919年6月由东京丛文阁刊入《有岛武郎著作集》第8、9辑中，恰恰也被归入日本明治、大正时期的"性文学"之列，虽然论者同时指出，在描写"灵与肉"的冲突中，《一妇人》对"性爱"的表现还很拘谨，与真正的"性文学"尚有相当距离（参见榛叶英治《明治、大正、昭和前期作家的"性"描写》，收入日本河出书房新社1992年7月初版《性的文学》）。

郁达夫的文学主张曾受有岛武郎的影响已是众所周知的事，他的《文学概说》部分章节最初发表时，郁达夫就坦率说明：编译"此稿所根据的，是有岛武郎《生活与文学》的头上的几章","拾人牙慧,毫无新意"。但郁达夫的小说创作也有可能受有岛武郎影响,却长期为论者所忽视。我之所以说"有可能",是因为这需要细心的爬梳、辨析,远非《南迁》中提到一句就可坐实的。何况《一妇人》一般认为是"纯文学"而不是"软文学"。像相传是芥川龙之介所作的《戴红帽子的女人》和相传是永井荷风所作的《写在榻榻米移门上的小说》等大正时代著名的"艳本"(真正的"性文学"作品),因在极为有限的范围里私下流传,郁达夫当时只是一个普通的留学生,未必能够读到,看来郁达夫所说的使他心醉神迷的"软文学"还得另行追寻。由于条件的限制,我只能提出这个有趣的问题,无力作深入的研讨。但我总觉得郁达夫早期小说与日本当时正在兴起的"性文学"有着某种密切的联系,循此思路查考下去,也许会对近年来相对停滞的郁达夫研究注入活力,开辟新径。我期待着郁达夫研究的新突破。

话扯得太远了,该回到靳飞兄伉俪编选的这部颇有特色的《郁达夫谈人生》上来了。

靳飞兄爱读郁达夫的作品,对郁达夫有独到的认识,这有他的洋洋数千言的《达夫文痕人迹》为证。他根据自己的独到认识分门别类,精心编排的这部选本清晰地展示了郁达夫的人生态度和复杂性格,凸显了郁达夫与众不同的心路历程。一个作家就是那个执笔写作的人,而当他的生活被加以讨论的时候,就像是他的作品的一个译本。郁达夫的作品屡遭严重曲解,他的被人议论纷纷的生活更是成了拙劣的译本。他的

"醇酒美人"长期为人所诟病,直至今日,他在1930年代中期的"婚变"仍受到来自各方面的指责,坊间一些浅薄无聊的传记和选本又大肆渲染,甚至把两位早已分道扬镳的当事人的文章作为"夫妻"创作合编成一集,愈加不伦不类,着实误导了不少读者。读一读这部严肃的而不是哗众取宠的选本,是可以驱散笼罩在郁达夫身上的许多迷雾的。

靳飞兄在《达夫文痕人迹》中引用了郁达夫1915年秋在东京所作的七律《日暮过九段偶占》,这首颇有情致的诗是我18年前翻阅上海《神州日报》时发现的,全诗如下:

偶来闲处得闲行,紫陌凉风解宿酲。
树底金铃秋放鸽,城闉筇鼓夜巡营。
遥街灯火黄昏市,深巷帘栊玉女笙。
稳步不妨归去晚,银河清浅月初明。

没想到18年后的今天,我也到了东京,也是在日暮时分,与靳飞兄一起来到景色宜人的九段,边漫步边讨论郁达夫。只是今天的东京早已不是当年郁达夫笔下的东京了,除了本乡东京大学附近据说还有郁达夫当年居住过的"学生寮"和消磨过时光的幽雅的咖啡馆,像九段,以及上野、不忍池等郁达夫诗中吟哦过的所在,虽然仍为东京名胜,也早已面目全非,难以探访郁达夫的足迹了。然而,能在郁达夫生活过的东京,为靳飞兄伉俪编选的《郁达夫谈人生》作序,毕竟是一种新鲜的写作体验，具有特殊的纪念意义，于是写下了上面这些话，与本书编者、读者一起共探说不尽的郁达夫的世界。

（原载1998年5月15日上海《青年报·立周刊》）

研究《沉沦》的珍贵史料

1921年10月《沉沦》的问世,是中国现代文学史上的一件大事。它不仅是破天荒第一本新文学小说集,而且开一代风气,奠定了作者郁达夫在现代文坛的重要地位。但在出版之初,却因其"惊人的取材与大胆的描写"[①]而震世骇俗,引起封建卫道士们的大肆反对,被斥之为"不道德的文学";一些新文学营垒中人,对这部作品集的思想艺术价值也未能正确认识。正是新文学运动理论权威周作人,以"仲密"笔名率先在1922年3月26日《晨报副镌》"文艺批评"栏内发表《"沉沦"》一文,为作者辩护。周作人运用英国著名性心理学家霭理斯的学说,把文艺批评与道德批判,尤其是对封建的性道德的批判紧密联系起来,强调《沉沦》"所描写是青年的现代的苦闷","著者在这个描写上实在是很成功了",作为"一件艺术的作品",《沉沦》是"受戒者的文学","虽然有猥亵的分子

---

① 成仿吾:《〈沉沦〉的评论》,《创造》季刊,1923年2月第1卷第4期。

而并无不道德的性质"。周作人的评价是较为全面和中肯的,有力地反驳了对《沉沦》的种种非难,这篇文章也因此成为中国现代文学批评史上的一篇名作。

对周作人的知遇之恩,郁达夫一直怀着深深的感激之情,他在1927年写的《鸡肋集题辞》中说过:"当时《沉沦》印成了一本单行本出世,社会上因为看不惯这一种畸形的书,所受的讥评嘲骂,也不知有几十百次。后来周作人先生,在北京的《晨报》副刊上写了一篇为我申辩的文章,一般骂我海淫,骂我造作的文坛壮士,才稍稍收敛了他们痛骂的雄词。"①

到了1930年1月20日,原由上海春野书店出版的《达夫代表作》转到现代书局出版改版本,郁达夫又特意在扉页上题写了如下一段话以志感铭:"此书是献给周作人先生的,因为他是对我的幼稚的作品表示好意的中国第一个批评家。"

但是周作人写作这篇《"沉沦"》的具体经过怎样,他何以会对郁达夫这部小说集发生兴趣?长期以来一直无人知晓,郁达夫生前也从未提及。事过40年之后,周作人在1963年9月26日香港《新晚报》副刊上以"岂明"笔名发表回忆录《郁达夫的书简》时,才首次披露此中原委。周作人写道:"我和郁达夫的交往还是和他的那本小说《沉沦》有关系。1922年春天起,我开始我的所谓文学店,在《晨报》副刊上开辟'自己的园地'一栏,一总写了18篇批评,第15篇便是讲那

---

① 郁达夫:《题辞》,《鸡肋集》(《达夫全集》第2卷),创造社出版部,1927年10月初版。

《沉沦》的。不记得是从日本还是从上海寄来的了,书面写几行字,大意是说我写了这几篇小说,给人家骂得要命,说是不道德的文学。现在请你看一看,究竟是不是要不得的东西。末后还有两句话,因为抄存在那篇讲《沉沦》的文章里边,所以记得:'不曾在日本住过的人,未必能知道这书的真价。对于文艺无真挚的态度的人,没有批评这书的价值。'老实说我实在不懂得什么是文艺批评,但是不知怎的很热心于反对'卫道',听见人家说什么是不道德的东西,一定要看它一看,借此发一通议论,就是没有材料,也要拉扯从前的拉伯雷和沙诺伐诸人的著作,说上一场。所以我就断定这《沉沦》不是什么不道德的,乃是纯粹的文艺作品,不过是一种'受戒者的文学',正如有人评法国波特来耳的诗说:'他的著作的大部分颇不适合于少年与蒙昧者的诵读,但是明智的读者却能从这诗里得到真正稀有的力。'"由此可见,周作人当时是应郁达夫之请读了《沉沦》,有感而发,才写下这篇有名的《"沉沦"》的。那么,郁达夫当年给周作人的请求信会不会仍然存留人间呢?

目前所能见到的郁达夫致周作人信共有九封,其中四封分别写于1923年10月22日、11月1日、1930年3月17日和1935年1月21日,系周作人1960年代初清理故纸时偶然检出,后来赠给郁达夫研究工作者周艾文(浙江人民出版社《郁达夫诗词抄》编者之一,已故),这在《周作人日记》中有明确的记载。如周作人1962年11月17日日记云:"上午周艾文来访,以郁达夫信二通赠之。"周艾文向我出示过这四封信。另四封则写于1929年9月19日,1930年5月21日、6月23日和1931年7月6日,现藏北京鲁迅博物馆,曾发表于1980年《鲁迅研究资料》第五辑,上述八封信均已收入拙编《郁达夫文集》第9卷①。还有一封是在拙编出版后才发现的,就是周作人《郁达夫的书简》一文中所引用的郁达夫1923年10月23日的信②,可惜原件已不知下落。除此之外,经过半个世纪的沧桑变迁,再要寻找郁达夫给周作人的信,似乎已根本不可能,不料,事情在最近有了戏剧性的变化。

  1987年10月,笔者到北京出席鲁迅博物馆和南开大学中文系等联合发起的首届"鲁迅、周作人比较研究学术讨论会",会后专诚拜访周作人大公子周丰一先生,在丰一先生的客厅里,笔者一边欣赏沈尹默手书"苦雨斋"和疑古玄同(钱玄同)手书"凤凰砖斋"条幅,一边畅谈周作人晚年的生活和创作,度过了两个难忘的上午。笔者欣喜地得知丰一先生在整理劫后幸存的周作人来往书信时又找到两枚郁达夫的明信片。承他美意,借阅这两枚明信片进行研究。笔者简直不敢相信,

---

① 王自立、陈子善编:《郁达夫文集》第9卷(日记、书信),三联书店香港分店,1984年9月初版。

② 郁达夫1923年10月23日致周作人信全文如下:"昨日写成一信,在路上丢了,不知拾得者亦为投入邮筒否?《呐喊》又蒙新潮社寄赠一册,谢谢。我想做一篇读《呐喊》因而论及批评,在《周报》上发表,成后当请指教。南方没有发售《呐喊》之处,是一大根事,我想为鲁迅君大大的宣传一下。就此请安,弟郁达夫敬上 十月二十三日。"

其中一张恰恰就是郁达夫写给周作人的第一封信,即希望周作人阅读《沉沦》并给予批评的请求信。

这枚明信片正面的文字是中文,内容如下:

北京大学文科教授

周作人君

安徽安庆公立法政专门学校内

郁达夫

十一月二十七日

(若本人不在校内乞为转送至公馆内)

外附《沉沦》一册

明信片反面的正文是用英文写的,原文和拙译如下:
Very Esteemed Mr. Chow,

　　Pardon me for my ungentlemanliness!With this card I send you a book of short stories, which was published last month, "Drowned".I hope that you will criticize it as candid as your conscience allows.All the literary men in Shanghai are against me, I am going to be buried soon, I hope too that you will be the last man who gives a mournfuldirge for me!

Your admirer

T.D. Yuewen

非常尊敬的周先生：

请恕我冒昧！与这明信片一起，寄上一本上月出版的短篇小说集《沉沦》。希望先生以自己的良知尽量给予批评，所有的上海文人都反对我，我快要到坟墓里去了，我也希望先生是为我唱悲哀的挽歌的最后一人。

后学　达夫郁文

查《周作人日记》，1921年11月30日记云："晴。风。上午往大学，下午返。得郁达夫君信片。"12月4日记云："晴。上午得郁君寄赠《沉沦》一本。"同月10日又记云："晴。上午寄郁达夫函。"因此，完全可以肯定，这张英文明信片写于1921年11月27日。不妨这样推测：周作人11月30日去北大时收到明信片，四天后又收到郁达夫寄赠的《沉沦》，并在12月10日作了答复。当然，周作人复信的内容已不可考，估计他那时已读完《沉沦》，不外是答应郁达夫的请求，打算撰文批评之类的话。还应说明的是，郁达夫当时担任安庆法政专门学校英文教师，明信片和《沉沦》都寄自安庆，周作人《郁达夫的书简》一文记错了地点，而且他只记得收到书，忘记了还有英文明信片。他在《"沉沦"》和《郁达夫的书简》中两次提到的郁达夫那两句话，明信片上没有，大概是写在《沉沦》扉页上的吧？

《沉沦》出版前，郁达夫只发表过屈指可数的一两篇作品（旧体诗不包括在内），周作人却已经是堂堂北京大学文科教授，以《人的文学》《平民文学》《思想革命》等文名噪一时，他对旧道德旧文化的批评可谓尖锐激烈，不遗余力。郁达夫为《沉沦》遭到封建卫道士攻击而求助于周作人，可算找对了人。他这封英文信写得很得体，既表达了对封建卫道士的愤懑，也体现了对周作人的尊重和信任，结尾二句尤为诙谐风趣。事实证明，这封信起了作用。更有意思的是，郁达夫给周作人写信之日，正是《沉沦》连印三版①，一纸风行之时，也许身在安庆的郁达夫自己并不知道。尽管如此，周作人的评论对刚登上新文坛的郁达夫来说确实是莫大的鼓励和支持。

另一枚明信片的内容也颇为重要，先把正反两面的文字照录如下：

本京西城前公用库八道湾十一
　　周作人先生

　　　　　　　　星期二、十三日
　　　　　　巡捕厅胡同二八浙江郁宅
　　　　　　　　　　郁达夫

仲密先生：

　　昨日聚谈颇快，旧历正月内先生若有余暇，当再走访。明日先生事忙，不如改天再见罢，并且劳驾来访是不敢

---

① 郁达夫：《沉沦》第3版，泰东图书局1921年1月10日出版，与初版相距还不到一个月。

当的。

鲁迅先生处也乞代候，《创造》四期若有高见，不妨请率直的对我说了，好教朋友们及我自家知道缺点，以后更能努力前进。就此

请安

弟郁达夫谨上

郁达夫和周作人因《沉沦》而订交之后，虽然也曾互通音问，郁达夫还按期把创造社机关刊物《创造》季刊寄赠周作人，但两人直到1923年2月11日才首次见面。该天是星期天，该日《周作人日记》有"下午理发，郁君来访，赠《创造》一本"的记载。两天后又记云："下午……得郁君片。"当时郁达夫已辞去安庆法政专门学校教职，把家眷送回富阳老家后，到北京长兄郁华家小住，他途经上海时，适逢《创造》季刊第四期出版①，就带到北京送请周作人指导。这枚明信片未署写信年月，好在把信中所说的"昨日聚谈""《创造》四期"和"星期二，十三日"这三点结合起来分析，不难断定它写于1923年2月13日，即郁达夫和周作人首次见面后的第二天，因为只有这个日期才能使周作人日记所记和明信片所述在时间和内容上都取得一致。

这封信清楚地表明，郁达夫和周作人的首次见面是很

---

① 《创造》季刊第1卷第4期出版于1923年2月1日。

愉快的，郁达夫一定当面对周作人公正地评价《沉沦》表示感谢，在信中还希望周作人能对创造社同人的作品提出"高见"，帮助他们在创作上取得更大成就。4天之后，即2月17日（正月初二），为欢度春节，周作人宴请郁达夫等人，鲁迅出席作陪，是为郁达夫和鲁迅首次见面。该日周作人日记云："上午在家约友人茶话，到者达夫、凤举、耀辰、士远、尹默、臤士、幼渔、逖先等八人，下午四时散去。"同日鲁迅日记则云："午二弟邀郁达夫、张凤举、徐耀辰、沈士远、尹默、臤士饭，马幼渔、朱逖先亦至，谈至下午。"郁达夫后来对沉钟社小说家陈翔鹤说："二周兄弟都会着了。周作人温文尔雅，看来很有学问，真正像一个读书人的样子，鲁迅为人很好，有什么说什么。"[①] 从此开始了郁达夫与周氏兄弟十多年如一日的深厚友谊。

总之，这两枚明信片是郁达夫和周作人友谊的生动见证，更是研究《沉沦》、研究《沉沦》评论史、研究郁达夫和周作人交往始末的珍贵史料，它们得以奇迹般地保存至今，实在值得庆幸。

（原载1988年3月香港《明报月刊》第267期）

[①] 陈翔鹤：《郁达夫回忆琐记》，《文艺春秋副刊》，1947年1月第1卷第1期。

《银灰色的死》的发表经过

《银灰色的死》是郁达夫的小说处女作,连载于1921年7月7至9日、11至13日上海《时事新报·学灯》,署名T.D.Y.。它虽然没有《沉沦》那么有名,也为郁达夫所看重。他在1921年7月30日写的小说集《沉沦·自序》中特别说明:"《银灰色的死》是我的试作,是今年正月初二脱稿的。"然而对这篇小说的发表经过,却长期说法不一。

北京海豚出版社2016年1月出版的王平陵的《三十年文坛沧桑录》内地版就提供了一个说法。此书原为作者1952年在台北《中国文艺》上的专栏,1956年结集,迟至1965年1月始由中国文艺社出版。作者一年前已经去世,不及亲见。

王平陵是李叔同的学生,早年即热爱新文学。此书是他晚年以新文学运动参与者身份撰写的回忆录,尽管只有短短六万多字,却有不少见解值得注意。书中对"礼拜六派"文学的"再估价",对陈衡哲、夏丏尊等散文的推崇,对刘大白、白采等新诗的评析,对侯曜、顾仲彝等话剧的肯定,都是文学史家很少提及的。此书虽远不及曹聚仁的名著《文坛五十年》丰富多彩，但也收到了平实简洁之效。尤其书中对现代文坛故实娓娓道来，可补后来各种文学史著述之不足，追述《银灰色的死》发表经过即为显著的一例：

> 郁达夫从日本寄给他（笔者注：指《学灯》编者宗白华）一个长篇，就是轰动一时的《银灰色的死》，但宗白华先生以为他是个初次投稿的无名小子，抄写的字体又那么潦草，看起来很吃力，略略过一过目，便随着那些决定不用的稿件，一并归档在古纸堆中了。到了一年多以后，他发奋清理旧稿，又发现这篇《银灰色的死》，觉得不坏，越看越有趣味，就在《学灯》连载了半年，吸住了广大的读者。我在抗战第二年（一九三八年）的春天，遇见达夫于汉口，无意中提起这件事，似犹不能放宽宗白华的疏懒，他笑着说："《银灰色的死》，耗费一年多的时间才写成，竟毫无消息，几乎失却写作的自信心，真想洗手不干，从此改行了。可是在一年多以后，忽然露面了。又鼓励我抛了在帝大学习的经济学程，钻向文艺的牛角尖。"

对《银灰色的死》的发表经过，其实郁达夫早在《沉沦·自序》中已有回忆：

> 《银灰色的死》是在《时事新报》上发表过的，寄稿的

时候我是不写名字寄去的,《学灯》栏的主持者,好像把它当作了小孩儿的痴话看,竟把它丢弃了;后来不知什么缘故,过了半年,突然把它揭载了出来。我也很觉得奇怪,但是半年的中间,还不曾把那原稿销毁,却是他的盛意,我不得不感谢他的。

两相对照,既一致又不一致。一致在郁、王两人都写到《银灰色的死》的发表有过曲折,不一致在《学灯》编者收到这篇小说搁置"半年"而不是"一年多"才发表,以及这篇小说只是中篇而非"长篇",不可能在《学灯》"连载了半年"。但王平陵单独披露了关键的一点,即经手这篇小说的《学灯》主编是宗白华。

此事本已一清二楚,不料在王平陵逝世十一年,《三十年文坛沧桑录》出版十年之后,有个刘方矩在1975年3月台北《中外杂志》第17卷第3号发表《浪漫大师郁达夫》一文,竟认为《银灰色的死》发表时的《学灯》主编是王平陵本人,绘声绘色地加以渲染,还说这是"王平老病逝前向笔者透露"的。王平陵确实是《学灯》作者,《银灰色的死》发表三个月后,他就在同年10月9日、12日《学灯》发表他的小说处女作《雷峰塔下》;王平陵也确实当过《学灯》主编,但那是1924年以后的事了,与《银灰色的死》发表与否毫不相干。因此,发表《银灰色的死》的《学灯》主编是王平陵这种说法,与王平陵生前写下的文字对立,不是刘方矩误记,就是王平陵临终前误忆。幸好《三十年文坛沧桑录》重印，白纸黑字俱在，不能再以讹传讹了。

（原载 2016 年 1 月 31 日香港《明报·世纪》）

邓脱路、日新里和《春风沉醉的晚上》

邓脱路和日新里，20世纪20年代上海一条普普通通的小马路，一个普普通通的老式里弄，在上海现代文化史上毫无地位，即使是七八十岁的"老上海"，恐怕也不会记得它们。

然而，在去年10月，对专程来沪拍摄文献纪录片《郁达夫的感情旅行》的日本电视摄制组来说，它们突然显得至关重要。日本著名的电视纪录片编导牛山纯一先生对这部电视片有独特的构思，执意要找到短篇小说《春风沉醉的晚上》所描写过的地方——邓脱路和日新里。

《春风沉醉的晚上》是中国现代文学史上最早刻划工人形象的作品之一，也是公认的郁达夫代表作之一。移星换斗，沧海桑田，六十多年过去了，还可能找到小说中"我"和烟厂女工陈二妹的故事赖以展开的邓脱路和日新里吗？谁又能保证这不是郁达夫的虚构呢？因此，当我翻查《上海市路名大全》，找到邓脱路和日新里时，真是意外的惊喜！

邓脱路原来即现在的丹徒路，日新里现在则为唐山路416弄。

基本上是南北走向的丹徒路与唐山路正好成十字交叉，从丹徒路向东拐进唐山路，向前走不过三四十米就到了坐南朝北的416弄日新里，斜对面不远处就是胡适的母校——历史悠久的澄衷中学。那天下午，当我带领日本摄制组走进416弄考察时，发现老式石库门建筑基本未变，虽然陈旧斑驳，居民拥挤不堪，但对摄制组来说却是求之不得，正可真实地再现当年的情景。郁达夫在小说中描写的"对面日新里的一排临邓脱路的洋楼"竟然还能找到，只不过郁达夫在邓脱路贫民窟里听到的是"俄国的飘泊少女"卖唱的哀调，而我们今天听到的是从居民窗户里飘散出来的美妙的流行歌声，时代毕竟不同了。第二天上午我有课没有再去，不知摄制组具体如何拍摄。但我更为关心的是，事实中的邓脱路和日新里何以与小说所描写的如此一致？唯一合理的解释就是作者当年确实在那里住过，哪怕只是短暂的居住。小说中的"我"搬到"邓脱路中间、日新里对面的贫民窟里"之后，引发了与邻居陈二妹的一段纠葛，这"我"莫不就是郁达夫的自况？郁达夫可是一直主张小说就是作家的"自叙传"的啊！如果我这个推断可以成立，那么郁达夫年谱或许应该增补如下这段话：

一九二三年上半年，郁达夫在上海邓脱路（现丹徒路）

中段、日新里（现唐山路四一六弄）对面赁屋居住，后根据这一时期的生活创作名篇《春风沉醉的晚上》。

（原载1996年1月20日上海《文汇报》周末版，收入本书时增补）

《她是一个弱女子》手稿本

  保存、整理和研究作家的创作手稿,是中国现代文学史研究一个必不可少的组成部分。笔者十多年前就提出要"重视手稿学的研究"[①],后来又有论者进一步重申和发挥,研究现代作家手稿的学术成果也已陆续出现。[②]但是,与鲁迅、胡适、

[①] 参见笔者2005年6月18日在香港中文大学图书馆的演讲《签名本和手稿:尚待发掘的宝库》,《边缘识小》,上海:上海书店出版社,2009年,第3-27页。修订稿刊《中国现代文学史实发微》,新加坡:青年书局,2014年,第243-258页。

[②] 参见王锡荣:《手稿学在中国》,上海:《文汇报·笔会》,2015年10月26日。《中国现代作家手稿及文献国际学术研究会论文集》也于2016年4月由上海文化出版社出版,书中对鲁迅、郁达夫、王文兴等现当代作家手稿有所探讨。

郭沫若、茅盾、巴金、老舍等重要作家手稿不断印行[1]相比,郁达夫这位在20世纪中国文学史上留下不灭印记的创造社代表作家的手稿的出版和研究,实在是乏善可陈,连他的中学同学、新月派诗人徐志摩的存世手稿也早已问世,[2]但他除了一些诗歌、题词和书信手稿已经印行外[3]还可以说些什么呢?

---

[1] 据不完全统计,这六位作家手稿的出版概况如下:
鲁迅手稿,最早出版的为《鲁迅书简》,许广平编,上海:三闲书屋,1937年。第一部搜集较为完备的鲁迅手稿集为《鲁迅手稿全集》,北京:文物出版社,1978-1986年。此后,鲁迅手稿时有发现,鲁迅手稿全集也出版多种版本,最新的为《鲁迅手稿丛编》,北京:人民文学出版社,2014年。还出版了《国家图书馆藏鲁迅未刊翻译手稿》,北京:国家图书馆出版社,2014年。
胡适手稿,内地出版有《胡适遗稿及秘藏书信》,耿云志主编,合肥:黄山书社,1994年;《胡适留学日记》手稿本,上海人民出版社,2015年。
茅盾手稿,出版有《子夜》手迹本,北京:中国青年出版社,1996年。以后又出版数种版本;《茅盾手迹》三种,杭州:华宝斋社,2001年;《茅盾珍档手迹》,杭州:浙江大学出版社,2011年。连茅盾高小时代的作文,也印行了《茅盾文课墨迹》,浙江桐乡茅盾纪念馆编,2001年。
郭沫若手稿,出版有《谈〈随园诗话〉札记》,北京古籍出版社,2003年;《李白与杜甫》,北京:线装书局编,2012年。
巴金手稿,出版有《家》手稿本,人民文学出版社、江苏广陵古籍刻印社,1998年;《随想录》手稿本,上海文化出版社,1998年;《寒夜》手稿珍藏本,上海文艺出版社,2005年;《憩园》手稿珍藏本,上海文艺出版社,2007年。
老舍手稿,出版有《骆驼祥子》手稿本,北京:人民文学出版社,2009年;《四世同堂》第一、二部手稿本,南昌:江西教育出版社,2010年。《〈正红旗下〉手稿》,北京出版社,2015年。

[2] 吴德健、虞坤林编:《徐志摩墨迹》,杭州:西泠印社,2004年。出书时已发现的徐志摩诗稿、译稿、书信和日记等手迹均编集在内。

[3] 分别参见张金鸿:《郁达夫情书手迹》,杭州:华宝斋书社,1999年;蒋增福、郁峻峰编:《郁达夫手迹》,杭州:西泠印社,2004年。

不妨先回顾郁达夫手稿的发表情况。

在郁达夫生前，他的新文学创作手稿的刊登仅见二次。1933年3月，上海天马书店出版《达夫自选集》时，书前刊出了《序》手稿之一页；1935年3月，郁达夫编选的《中国新文学大系·散文二集》出版时，《良友图画杂志》《新小说》等刊出了他的《编选感想》手稿一页。在郁达夫身后，他的一些旧体诗词手稿在海内外陆续有所披露，但小说、散文、杂文、评论等新文学作品手稿的发表，哪怕只有一页，在相当长的一个历史时段也几乎完全空白。

1982至1985年，广州花城出版社与香港三联书店合作出版《郁达夫文集》（十二卷本），作为插图之用的郁达夫新文学作品手稿共刊出如下数种：

  中篇小说《迷羊》第二章第一页
  中篇小说《她是一个弱女子》第一章第一页
  《〈达夫自选集〉序》之一页
  随感《〈中国新文学大系·散文二集〉编选感想》
  评论《歌德以后的德国文学举目》第一页
  《厌炎日记》第一页
  译文《关于托尔斯基的一封信》（高尔基作）之一页

1992年，浙江文艺出版社出版了《郁达夫全集》（十二卷本），新刊出的作为插图之用的郁达夫创作手稿仅有如下二种：

短篇小说《圆明园的秋夜》第一页
1929年9月27日（旧历八月廿五）日记之一页

2007年，浙江大学出版社出版了新的《郁达夫全集》，刊出的插图中，除了一些诗词和题词等手迹，郁达夫新文学作品手稿的蒐集并无进展。

有必要指出的是，上述已披露的郁达夫新文学作品手稿中，仅有《〈中国新文学大系·散文二集〉编选感想》一页是一篇完整的手稿，其他都只是文中一个小小的片段而已。换言之，除了这篇短小的《编选感想》，迄今为止，郁达夫完整的新文学作品手稿从未与世人见面。由此足见郁达夫手稿整理和研究工作的严重滞后。由此也有力地证明，郁达夫中篇小说《她是一个弱女子》手稿本的影印问世，不仅使读者能够欣赏难得一见的郁达夫钢笔书法，对郁达夫手稿的研究更是零的突破，对整个郁达夫研究也具有非同寻常的意义。

在郁达夫小说创作史上，《她是一个弱女子》占着一个特殊的位置。这是郁达夫继《沉沦》《迷羊》之后出版的第三部中篇小说。小说以1927年"四一二"事变前后至"一·二八"事变为背景，以女学生郑秀岳的成长经历和情感纠葛为主线，描绘了她和冯世芬、李文卿三个青年女性的不同人生道路和她的悲惨结局。小说的构思和写作过程，正如郁达夫自己在

《〈她是一个弱女子〉后叙》中所说：

> 《她是一个弱女子》的题材，我在一九二七年（见《日记九种》第五十一页一月十日的日记）就想好了，可是以后辗转流离，终于没有功夫把它写出。这一回日本帝国主义的军队来侵，我于逃难之余，倒得了十日的空闲，所以就在这十日内，猫猫虎虎地试写了一个大概。①

查《日记九种·村居日记》，在1927年1月10日日记中，郁达夫先记下了他完成周作人大为赏识的短篇《过去》，并打算一鼓作气续完中篇小说《迷羊》的感受，强调自己的"创作力还并不衰"，然后写道：

> 未成的小说，在这几月内要做成的，有三篇：一，《蜃楼》，二，《她是一个弱女子》，三，《春潮》。此外还有广东的一年生活，也尽够十万字写，题名可作《清明前后》，明清之际的一篇历史小说，也必须于今年写成才好。②

显而易见，这是一个雄心勃勃的创作计划，如能全部实

---

① 郁达夫：《〈她是一个弱女子〉后叙》，《郁达夫全集》第二卷，杭州：浙江大学出版社，2007年，第354、355页。
② 郁达夫：《日记九种·村居日记》，《郁达夫全集》第五卷，杭州：浙江大学出版社，2007年，第71页。

现,那该多好。可惜后来中篇《蜃楼》只发表了前十二章,①《春潮》无以为继,②《清明前后》毫无踪影,"明清之际的一篇历史小说"也只是一个设想,唯独《她是一个弱女子》虽然拖延了不少时日,终于按计划大功告成。

从《她是一个弱女子》作者题记和末尾"后叙"的落款时间可知,这部作品1932年3月杀青,正值震惊中外的上海"一·二八"事变之后,郁达夫后来在《沪战中的生活》中对写作《她是一个弱女子》的经过又有进一步的回忆:

> 在战期里为经济所逼,用了最大的速力写出来的一篇小说《她是一个弱女子》。这小说的题材,我是在好几年前就想好了的,不过有许多细节和近事,是在这一次的沪战中,因为阅旧时的日记,才编好穿插进去,用作点缀的东西。我的意思,是在造出三个意识志趣不同的女性来,如实地描写出她们所走的路径和所有的结果,好叫读者自己去选择应该走哪一条路。三个女性中间,不消说一个是代表土豪资产阶级的堕落的女性,一个是代表小资产阶级的犹豫不决的女

---

① 郁达夫:《春潮》,中篇小说,第一至三章初刊《创造》季刊1922年11月第一卷第三期,未完。《郁达夫全集》第一卷,杭州:浙江大学出版社,2007年。

② 郁达夫:《蜃楼》,中篇小说,第一至四章(除第四章最后一节)初刊《创造月刊》1926年6月第四期,第一至十二章后刊《青年界》1931年3-5月第一至三期,未完。《郁达夫全集》第二卷,杭州:浙江大学出版社,2007年。

性，一个是代表向上的小资产阶级的奋斗的女性。这小说的情节人物，当然是凭空的捏造，实际上既没有这样的人物存在，也并没有这样的事情发生过的。①

必须指出，郁达夫这段话已把他在《她是一个弱女子》中塑造三个不同的年轻女性的创作宗旨和盘托出，小说中这三位女子的同性恋纠葛也应在这样的背景下加以考察才有意义。但是，后来竟有人自动对号入座，认为这部小说是在影射作者自己的家庭纠纷，②未免把小说创作和现实生活混为一谈。

《她是一个弱女子》完稿后，并没有像《蜃楼》那样先在刊物上连载，而是像《沉沦》《迷羊》那样直接交付出版。1932年3月31日，此书由上海湖风书局付梓，4月20日出版，列为"文艺创作丛书"之一，印数1500册。据唐弢查考，《她是一个弱女子》出版后不久即被当局指为"普罗文艺"而禁止发行。湖风书局被查封后，上海现代书局接收湖风书局纸型于当年12月重印，但为了躲过检查，倒填年月作"1928年12

---

① 郁达夫：《沪战中的生活》，《郁达夫全集》第三卷，杭州：浙江大学出版社，2007年，第163页。

② 参见王映霞：《王映霞自传》，台北：传记文学出版社，1990年，第108-109页。王映霞"回忆"，郁达夫当时"怀疑"她与女同学刘怀瑜"同性恋爱"，"好一个爱幻想的大作家"，在"这种奇异的情绪下写了"《她是一个弱女子》。但是，早在认识王映霞之前，郁达夫就已在构思《她是一个弱女子》。据《日记九种·村居日记》，郁达夫1927年1月14日在友人孙百刚处结识王映霞，而在此之前四天，他已在日记中记下了《她是一个弱女子》的写作计划，他酝酿这部作品的时间当更早。

月"初版,又被当局加上"妨碍善良风俗"的罪名,下令删改后方可发行。次年12月,删改本易名《饶了她》重排出版,不到半年又被当局认定"诋毁政府"而查禁。①《她是一个弱女子》命途如此多舛,在中国现代文学史上,像它这样一再被查禁的作品,并不多见。

对郁达夫这部中篇的评价长期以来也是毁誉参半。湖风初版本问世不到四个月,就有论者撰文评论,认为"这依然是一部写色情的作品","在结构和文章上都并不十分出色,可是它的描划人物都是非常成功的。作者本是这方面的能手。他写郑秀岳的弱,写李文卿的不堪,都能给予读者一个永远不能忘记的形象。这是不依靠文字的堆琢的白描的手段,在国内作品中很难找到类似的例子"。②也有论者认为《她是一个弱女子》"不失为郁先生作品中的杰作之一"。③1950年代初,论者在批评《她是一个弱女子》"对革命人物的塑造""显得有些浮沉

---

① 参见唐弢:《饶了她》,《晦庵书话》,北京:生活·读书·新知三联书店,1980年,第133、134页。又,《饶了她》出版时,扉页上印有"本书原名《她是一个弱女子》奉内政部警字第四百三十三号批令修正改名业经遵令修改呈部注册准予发行在案"的声明,结果仍于1934年4月被当局查禁。转引自郁云:《郁达夫传》,福州:福州人民出版社,1984年,第110页。

② 杜衡:《她是一个弱女子》,《现代》1932年8月第一卷第四期。转引自王自立、陈子善编:《郁达夫研究资料》,北京:知识产权出版社,2010年,第324、326页。

③ 黄得时:《郁达夫先生评传》,《台湾文化》1947年9–10月第二卷第六至八期。转引自王自立、陈子善编:《郁达夫研究资料》,北京:知识产权出版社,2010年,第374页。

平面",反让"他过去作品中的主调——肉欲和色情的描写占了上风"的同时,还承认"这篇小说在达夫先生作品中仍不失为具有进步意义的作品"。① 但随着认为郁达夫作品有很大消极面的看法占据统治地位,《达夫全集》胎死腹中,②《她是一个弱女子》这样的作品当然也无法重印,更难以展开探讨了。直到1980年代改革开放以后,《她是一个弱女子》才在问世半个世纪后首次编入《郁达夫文集》重印,这部中篇手稿的第一页也作为插图首次与读者见面。但是,在一个不短的时间里,对《她是一个弱女子》仍然不是视而不见,就是评价不高。③ 近年这种状况才有所改观,已有研究者重新注意《她是一个弱女子》,重新研究这部小说的主人公,试图运用女性主义理论、女同性恋理论、心理分析理论等重新解读这部中篇小

---

① 丁易:《〈郁达夫选集〉序》,《郁达夫选集》,北京:开明书店,1951年。转引自王自立、陈子善编:《郁达夫研究资料》,北京:知识产权出版社,2010年,第389页。

② 1949年1月,《达夫全集》编纂委员会在上海成立并开展工作。中华人民共和国成立以后,郭沫若认为郁达夫作品中的"黄色描写有副作用,不宜出全集,只能出选集",《达夫全集》的出版就此中止,直到改革开放以后才重新提上议日程。参见赵景深:《郁达夫回忆录》,《回忆郁达夫》,长沙:湖南文艺出版社,1986年,第268-273页。

③ 改革开放以后的各种中国现代文学史著作,在讨论郁达夫时,很少提到《她是一个弱女子》。唐弢主编的《中国现代文学史》虽然论及,承认该中篇"侧面反映了大革命风暴在知识青年中激起的回响,接触到军阀压迫、工人罢工、日帝暴行等当时社会现实的若干重要方面",但同时认为"中篇的主要篇幅仍然用来描写性变态生活,却表明了作者远未能摆脱旧有的思想局限"。参见唐弢主编:《中国现代文学史》第一分册,北京:人民文学出版社,1979年,第197、198页。

说。①

《她是一个弱女子》手稿书于名为"东京创作用纸"的200格（10×20）稿纸之上，黑墨水书写，共一百五十四页（绝大部分一页二面，也有个别一页一面），又有题词页一页，对折装订成册，封面有郁达夫亲书书名："她是一个弱女子"。除了封面略为受损和沾上一些油渍以及第二十一页左面撕去一部分外，整部手稿有头有尾，保存完好，只是书末缺少了达夫作于1932年3月的此书《后叙》，想必《后叙》是他在此书交稿后或校阅清样时所作，未包括在这册手稿本中。

翻阅这部《她是一个弱女子》手稿本，打开第一页就有个不小的发现。《她是一个弱女子》初版本题词上印有：

> 谨以此书，献给我最亲爱，最尊敬的映霞。 一九三二年三月达夫上

但是手稿题词页明明写着：

> 谨以此书，献给我最亲爱，最尊敬的映霞。五年间的热爱，使我永远也不能忘记你那颗纯洁的心。一九三二年三月达夫上

---

① 参见龚达联：《叙写柔弱不是错》，《井冈山师范学院学报（哲学社会科学）》2004年第廿五卷增刊；郑薏苡：《〈她是一个弱女子〉的当代意义》，《文艺争鸣》2008年第四期；陈静梅：《解读郁达夫小说〈她是一个弱女子〉中的女女关系》，《凯里学院学报》2010年第廿八卷第四期等。

不过，后一句又被作者全部划掉了。由此可知，这段题词原来有两句，但最后付梓时，郁达夫删去了后一句，仅保留了第一句。为什么要删去？耐人寻味。

经与《她是一个弱女子》初版本核对，又可知这部手稿既是初稿，又是在初稿基础上大加修改的改定稿，颇具研究价值。手稿本从头至尾，几乎每一页都有修改，大部分用黑笔偶尔用红笔的修改，或涂改，或删弃，或增补，包括大段的增补。有时一页修改有九、十处之多，还有一些页有不止一次修改的笔迹。郁达夫创作这部中篇小说的认真细致、反复斟酌，由此可见一斑。

品读手稿，我们可以揣摩郁达夫怎样谋篇布局，怎样遣词造句，怎样交代时代背景，怎样描写风土人情，怎样设计人物对话，怎样塑造主人公形象，一言以蔽之，可以窥见郁达夫是怎么修改小说的。这样的例子在手稿本中俯拾皆是，不妨举凡例。

在交代时代背景方面，小说第一章写主人公郑秀岳求学经历，手稿初稿有这么一小段：

政潮起伏，时间一年年的过去，郑秀岳居然长成得秀媚可人，已经在杭州的女学校里，考列在一级之首了。

手稿上修改后的定稿，也即初版本所印出的这一段是这样的：

政潮起伏，军阀横行，中国在内乱外患不断之中，时间一年年的过去，郑秀岳居然长成得秀媚可人，已经在杭州的这有名的女学校里，考列在一级之首了。

两相比较，手稿上增添的这些字句显然并非可有可无。

再如小说第十六章中，写到国共合作北伐时，手稿初稿有这么一段：

孙传芳占据东南不上数月，广州革命政府的北伐军队，受了第三国际的领导和工农大众的扶持，着着进逼。革命军到处，百姓箪食壶浆，欢迎唯恐不及。于是军阀的残部，就不得不露出他们的最后毒牙，来向无辜的百姓，试一次致命的噬咬。可怜杭州的许多女校，同时都受到了匪军的包围，几千女生同时都成了被征服的人身供物。

而手稿上修改后的定稿，也即初版本所印出的这一段是这样的：

孙传芳占据东南五省不上几月，广州革命政府的北伐军队，受了第三国际的领导和工农大众的扶持，着着进逼，已攻下了武汉，攻下了福建，迫近江浙的境界来了。革命军到处，百姓箪食壶浆，欢迎唯恐不及，于是旧军阀的残部，在放弃地盘之先，就不得不露出他们的最后毒牙，来向无辜的农工百姓，试一次致命的噬咬，来一次绝命的杀人放火，掳掠奸淫。可怜杭州的许多女校，这时候同时都受了这些孙传芳部下匪军的包围，几千女生也同时都成了被征服地的人身供物。

两相比较，手稿定稿修改增添的字句，当然更具体，更准确，作者的态度也更爱憎分明，更能激起读者的愤怒和同情。

在描写景物和人物心情方面，小说第廿一章写到郑秀岳和吴一粟坠入爱河，手稿初稿有这么一段：

这时候黄黄的海水，在太阳光底下吐气发光，一只进口的轮船，远远地从烟突里放出了一大卷烟。从小就住在杭州，并未接触过海天空阔的大景过的郑秀岳，坐在海风飘拂的回廊阴处，吃吃看看，和吴一粟笑笑谈谈，觉得她周围的什么都没有了，只有她和吴一粟两个人，只有她和他，像是亚当夏娃，在绿树深沉的伊甸园里过着无邪的日子。

手稿修改后的定稿，也即初版本所印出的则作：

这时候黄黄的海水，在太阳光底下吐气发光，一只进口的轮船，远远地从烟突里放出了一大卷烟雾。对面远处，是崇明的一缕长堤，看起来仿佛是梦里的烟景。从小就住在杭州，并未接触过海天空阔的大景过的郑秀岳，坐在海风飘拂的这旅馆的回廊阴处，吃吃看看，更和吴一粟笑笑谈谈，就觉得她周围的什么都没有了，只有她和吴一粟两人，只有她和他，像亚当和夏娃一样，现在绿树深沉的伊甸园里过着无邪的原始的日子。

显而易见，经过修改补充的手稿定稿更细腻，更生动，更好地烘托出主人公两情相悦的欢快心情。

《她是一个弱女子》手稿本所展示的作者的各种修改，当然举不胜举，读者如果仔细比对，一定还会有许许多多有趣的发见。

西方当代文学理论中，有"文本发生学"一脉，也即"考察一个文本从手稿到成书的演化过程，从而探寻种种事实证据，了解作者创作意图、审核形式、创作中的合作与修订等问题"。[1]就发生学研究而言，手稿（包括草稿、初稿、修改稿、定稿乃至出版后的再修订稿等）的存在和出现，是至关重要的，它将大大有助于读者和研究者捕捉作者的"创作心理机制"，更全面、深入地理解和阐释文本。以此观之，《她是一个弱女子》手稿的影印出版，就意义决非一般了，因为它为我们

---

[1] 拉曼·塞尔登等：《当代文学理论导读》，刘象愚译，北京：北京大学出版社，2006年，第332页。

进一步打开探讨这部备受争议的郁达夫小说的空间提供了新的可能。

总之，历经八十多年的风雨沧桑，《她是一个弱女子》完整的同时也是十分珍贵的手稿得以幸存于世，毫不夸张地说，确实是郁达夫研究的大幸，同时也是中国现代作家手稿研究的大幸。这部手稿得以完好地保存，郁氏后人功不可没。当年手稿正文第一页首先在《郁达夫文集》刊出，就是原收藏者、郁达夫长子郁天民先生热情提供的。关于这部手稿本的收藏经过，郁峻峰兄已有文详细介绍，不必笔者再饶舌了。

今年12月7日是郁达夫诞辰120周年，《她是一个弱女子》手稿本的影印出版，也是对这位20世纪中国文学史上极具个性的天才作家的别有意味的纪念，书比人长寿。

2016年10月30日于海上梅川书舍

（原载2017年1月中华书局初版《郁达夫手稿：〈她是一个弱女子〉》）

杂谈新发现的郁达夫集外文

自从笔者与王自立先生合编的 12 卷《郁达夫文集》问世以来,海内外识者陆续有所增补。近日柘园主人又在《明报月刊》撰文介绍他历年搜集所得的郁达夫集外文及有关资料,笔者已很久没写关于郁氏的文章了,不妨也来谈谈最近发现的两篇重要的郁氏集外文。

一、《孤独与平静》

这篇集外文其实是一封致田汉的信,原载 1924 年 2 月 5 日《南国半月刊》第 3 期,标题为编者所加。

《南国半月刊》系南国社的第一个机关刊物,1924 年 1 月 5 日创刊,笔者所见共 3 期,均为小 32 开,每期篇幅仅 30 余页,薄薄的一本小册子,普普通通,毫不显眼,却已成了"五四"以来新文学刊物中罕见的珍本秘籍了。该刊版权页作"总贩卖所上海四马路泰东图书局印刷者启智印务公司",并未注明编者为何许人,但从创刊号揭载的《南国宣言》第六条所示:"我们的同志的信件凡关于编辑事务的可直寄哈同路民厚北里四百〇九号田宅。"可以肯定编者就是田汉。

众所周知,田汉是中国新文学史上著名的话剧团体南国社的创始人和灵魂,《南国宣言》无疑也出自他的手笔,全文共六条,主要是前三条,即"一、我们因欲打破文坛的惰眠状态,鼓励一种新鲜芳烈的空气,特创刊这《南国半月刊》。二、我们在'艺术之社会化',或'社会之艺术化'的旗帜下,从事第一义的创作、批评、介绍。三、我们因欲免去资本主义的支配,虽一时不能像 Blake 印他自己的诗集那样:自己雕板,自己排字,自己发行。至少以自己集资印刷,自己意匠,自己校对,自己托人发行为原则"。这篇宣言是研究南国社历史不可或缺的珍贵史料,除了田汉自己在《我们的自己批判》中约略说过几句之外①,内外论者很少提及,有必要在此一并介绍。

田汉原来是创造社的发起人之一,列名于《纯文艺季刊〈创造〉出版预告》②的七位"创造社同人"中,田汉的大名赫然在内。但是据说《创造》季刊创刊号发表田汉的成名作《咖啡店之一夜》时,编者颇多修改,以致田汉见到刊物后大为生气,一怒之下,不再为创造社刊物撰稿。《创造》季刊创

---

① 参见田汉:《我们的自己批评——〈我们的艺术运动之理论与实际〉上篇》,《南国月刊》,见1930年4月第2卷第1期。

② 《纯文艺季刊〈创造〉出版预告》,见1921年9月29日《时事新报》。

刊号最后是由郁达夫编定的,郁达夫后来的回忆则是"原稿之最看不清的,是田汉初期的作品,他的《咖啡店之一夜》,我为他校了三四次,后来错字还是很多;而田汉见了,还怪我替他改坏了"①。不管怎样,田汉为此一度与创造社同人关系疏远,却是不容否认的。幸好此事并没有严重到使田汉与创造社同人彻底"绝交",时过境迁,他们之间又恢复了往日的友谊,田汉主编《南国半月刊》时特意发表郭沫若和郁达夫给他的信就是一个明证。

田汉后来透露,《南国半月刊》时期"南国社"总共只有两个人,即他本人和夫人易漱瑜②。查这三期《南国半月刊》,果真如此。田汉发表了早期代表作《获虎之夜》(连载两期,未完)和另一个剧本《乡愁》,易漱瑜发表了小说《桃花园》和《涟漪》,此外就只有后来成为后期创造社骨干的李初梨和黄衍仁、萧石君三位的几首诗了,若说《南国半月刊》由田汉夫妇唱"双簧",也不为过。但该刊还有一个特色,即每期还发表12封作家通信,创刊号发表的是郭沫若1922年10月24日致田汉的日文信,田汉亲自将其译成中文;第二期发表的是宗白华的信《伟大的沉默》;第三期发表的就是郁达夫这封《孤独与平静》和宗白华的另一封信《幽凉的记忆》。田汉认为这些通信都具有文史研究的价值,不敢自秘,应该公之于

---

① 郁达夫:《手民之误》,1937年11月20日福州《小民报·救亡文艺》。

② 参见田汉:《我们的自己批评——〈我们的艺术运动之理论与实际〉上篇》,《南国月刊》,1930年4月第2卷第1期。

世，这是很有远见的。现把郁达夫这封信照录如下：

寿昌：

你的明信片已经愉快的接读了。我不知道要怎样感谢你才好。我近来绝少生气的事，因为连这种元气都没有了。但创作是要干的，一息尚存，总不停住我的笔。

我非常寂寞，只觉得人与人都是各不相关的。我曾把这个思想做成了一篇戏剧名《孤独》，大约在第三期的《创造》，总可发表，请你为我批评批评。

我觉得戏剧里面的"伤感"（Sentimentalism）比小说更紧要，在舞台上收成效的大约都是罗曼的和感伤的作品。我知道我的戏剧是决不会上舞台的，因为太写实的（Realistic）了，太不技巧的（Unartificial）了。我以后想专注到舞台艺术上去，好使我的作品能不成为"纸上剧"（Letterdrama）。上海的新剧界原很寂寞，但我以为比北京的什么爱美不爱美好得多，与其有什么爱美剧团，还不如上海的没有新剧好呢。

我的心境近来养得很平静的。昨天我在此间（安庆）四角湖边的小山徘徊了一整天，我看见了江上的白帆，我听见了天公的呼息，我细数了暖日的徐步，我忘尽了世间一切俗累。那怕现在我心里还感着大自然的脉搏，我想许感谢谁，可不知谁是我应当感谢的。

达夫

此信未署日期，但从信的内容大致可以推测。信中提到的郁达夫的独幕剧《孤独》，完成于1922年10月31日，发表于同年11月25日《创造》季刊第1卷第3期。信中又提到"我在此间（安庆）四角湖边的小山徘徊了一整天"，郁达夫一生到过安庆三次，第一次在1921年9、10月之交，去安徽公立法政专门学校任英文科主任，历时4月余；第二次是1922年9月再赴该校任教，至翌年1月离职；最后一次是1929年9月下旬到安徽省立大学任文科教授，不到10天就因故匆匆返沪。因此，把郁达夫写作《孤独》的日期和第二次到安庆的时间联系起来分析，就不难断定这封《孤独与平静》写于1922年9、10月之间。

田汉给这封信冠以《孤独与平静》这样的标题是比较恰当的。这封信把郁达夫当时的心境和盘托出，他远离文化都市上海，远离志同道合的好友，孑然一身，深感寂寞和孤独，只能在信中向好友倾诉衷肠。但他也得到了一些补偿，他陶醉于安庆的湖光山色之间，为美妙的大自然所吸引，心情渐趋平和。过不多久，他开始构思新的作品，继《孤独》之后，又写出了那篇脍炙人口的《采石矶》。也许因为田汉是专攻戏剧的，信中还用较多篇幅谈到了他对新兴话剧的看法，对庸俗的爱美剧的不满，亦自成一家之言。郁达夫有自知之明，意识到自己的独幕剧《孤独》不会获得成功，但他对《孤独》主题的说明同样值得注意。总之，这封直抒胸臆、情真意切的私人通信对研究郁达夫的早期创作大有裨益。

二、《两位英国的东方学者》

这篇集外文连载于1935年3月21日和22日上海《时事新报·青光》，是郁达夫为《青光》撰写的第一篇作品。

《青光》系《时事新报》历史最为悠久的副刊之一，从20年代初维持到40年代，与该报另一副刊《学灯》堪称伯仲，虽然其名气和影响远不及《学灯》。早期的《青光》性质与《申报·自由谈》相类似，是鸳鸯蝴蝶派的一统天下。1927年5月至8月初，梁实秋接编《青光》，大加改革，一时颇有起色。此后编者几经易人，编辑方针也屡有变更。到1935年初，《青光》由朱曼华接编，他很想有一番新作为，广为约稿。叶灵凤的长篇小说《未完成的忏悔录》自该年元旦起在《青光》上连载了两个月，于时夏（陈子展）、周木斋、洪为法、林微音、王淑明、贺玉波、周劭（周黎庵）、予且（潘子瑞）等新文学作家的名字也先后在《青光》上"亮相"，到1935年下半年，叶紫、悄吟（萧红）等文坛新秀的作品也在《青光》上出现了，王淑明、周立波、徐懋庸等还应朱曼华之请，在《青光》版面上办起了周刊《每周文学》，甚至争取到了旅隼（鲁迅）和郭沫若的大作，《青光》的内容越发变得丰富多彩，这是《青光》历史上少有的全盛期。还值得一提的是，当时《青光》还发过一首译诗《人生的归宿》，原作者是法国19世纪浪漫派诗人维尼（Vigny），译者为安子介（现为香港工商界和文化界名人）。

朱曼华1926年至1927年间在创造社广州分部工作，在创作上得到过郁达夫的指点，曾在郁达夫主编的《洪水》半月刊和《新消息》周刊上发表过《断歌》《归去》《鬼与骷髅》等诗文。他既编《青光》，自然很希望得到郁达夫这样的名作家的支持，何况他们在创造社时期还有这样的一段"师生之谊"。当时郁达夫已迁居杭州，靠卖文为生，"著书都为稻粱谋"，就爽快地答应了。两人之间曾多次书信往返，现已公开的郁达夫日记都有所记载。于是，自1935年3月至9月，以《两位英国的东方学者》为开端，达夫先后在《青光》上发表了《花坞》《清贫慰语》《文坛的低气压》《出版界的年轮》等散文随笔，后四篇都已收入拙编《郁达夫文集》，唯独这篇《两位英国的东方学者》当时漏了网，现照录如下：

（一）

二月十三日，英国剑桥的电报，告诉我们一位东方研究大家，支那学者迦尔斯（Herbert A. Giles）教授去世了，享寿八十九岁，若这岁数是可靠的话，那迦尔斯教授总算到了耄耋而好学不衰，确有点东方元德先生的风度。

他的著作的最为我们东方人所佩服的，是一千九百年著的那部《中国文学史》，这一部文学史，是告斯（Edmund Gosse）主编的《世界文学史丛书》中间的一部，由英国海纳曼发行，系于光绪念六年庚子编成的东西，所以迦尔斯教授在序文上说："这是在世界各国——连中国也包括在内——语中，试作这一种企图的第一次。"当然中国作家当中，零星琐细的文艺批评，并不是说没有，可是整个地有系统地写成一部文学史的人，却还不曾有过。他的这一种中国文学史创造者之说，在旁的欧美各国的著作中我不晓得是否正确，但在中国日本的两国，倒的确是要让他的这部文学史占据首席，日本的有《中国文学史》，是在光绪末年间（明治四十年左右），而中国的新式文学史，却是二十几年前才渐渐地有人编纂起来的，德国郭鲁裴博士（Dr.Wilhe Grube）的那本《中国文学史》，虽也系一九〇二光绪念八年编成的东西，序文上却也曾说起迦尔斯的文学史已经出版了，不过为免去雷同影响，他在编辑的时候故意不看而已，郭鲁裴并且还举出了几位前此写中国文学短史的人，如 Schott, Baumgartner, Wassiljew 等等，不过他们的东西，都系太简太短，不能独立成一本中国文学史的。

　　迦尔斯的文学史，轮廓虽则是画出了一个，可是内容却也不能完全使人满意，如把《太上感应篇》《玉历钞传》之类的善书，都当作了中国的文学作品在看，也未免有点过于奇特。

　　至于其他的迦尔斯的译者，如《聊斋志异》的英译本、《满洲与中国的史实》等，虽则并没有大不了的地方，可是由一位从宁波的领事官出身的外国人手里，得产生出这么些个关于中国和翻译中国的文献，当然也是极可佩服的事情；

现在当他新死之后,由我们中国人来提一下的他的名氏,纪念追悼他一下,倒也值得。

(二)

近看天津《庸报》,在"另一页"里,见到了张伯伦(Basil Hall Chamberlain)逝世的消息,说他是于本年二月二十六易箦的。他在日本海军学校教书多年,曾著有《最初之日本》法文书,以及《英语变革一览》等,是日本人在二三十年前读英文,弄弄文墨的人都知道的事实。

我在东京,有一次在本乡的中央会堂里曾听过他的讲演。他人并不高,眼睛也同小泉八云一样,是近视的,不过没有小泉八云那么的厉害,身材瘦削,额角的高,高到了无以复加,演讲的声气,又一样的那么一副腔调。这时候,他在东京帝大英文学系里教书,而我却刚到日本,正打算去考入一高的预科。

他著书和翻译中间,我所最佩服而直到现在也还时时在展读的,是伦敦曲留勒纳公司发行的一册《日本名诗译丛》(The Occidental Poetry of the Japanese),系当他于一八八〇年在日本帝国海军学校执教鞭的时候译出来的力作。凡《万叶》《古今》两集里的诗歌,以及《日本书记》《名所图绘》《谣曲》《能》《狂言》等书中的短歌长曲,一起译出了百首以上;用词的清新,选韵(他用的是韵文)的简洁,是他的译作的特长。

曾记在日本的时候,收藏过一本英德日对照的《百人一首》歌集,中间的英译就系B.H.Chamberlain的手笔,而德译者是当时也在东京帝大文学系教书的佛洛伦兹(Dr. K.Florenz)先生。

《庸报》附刊的张伯伦的死报上,没有载他的年纪,但计算起来,总也应该是七十左右了;因为我在东京听他的讲演,是在二十余年以前,而当时由我看起来,他也已经是四十上下的中老人的样子。

英国同时丧失了这两位东方学者,学术界原要感得无限的寂寞;而曾经受过他们的教益,尤其是亲聆过其间的一位的声欬的我,回想起从前来,更觉得是黯然神伤了,特写这一点点感想,以志哀悼。

一九三五年三月十八日

郁达夫此文沉痛悼念两位英国的东方学者。第一位迦尔斯,通译翟理斯,是英国剑桥大学的中文教授,此人以一部《中国文学史》(1901年伦敦出版)饮誉西方汉学界,数十年来一版再版,流传甚广。鲁迅就曾读过这部文学史,他在1936年9月28日致捷克汉学家普实克的信中明确说过:"我看见过Giles和Brucke(应为Grube,通译葛鲁贝,德国汉学家——笔者注)的《中国文学史》,但他们对于小说,都不十分详细。"[①]他在《中国小说史略·序言》中所说的"中国

---

① 鲁迅:《鲁迅全集》第13卷,北京:人民文学出版社,1981年初版。

之小说自来无史；有之，则先见于外国人所作之中国文学史中"，这"外国人"也就是指翟理斯和葛鲁贝。郑振铎也写过《评 H.A.Glies〈中国文学史〉》，指出该书存在"疏漏""滥收""评细不均""编次非法"四大缺点，唯书中"能第一次把中国文人向来轻视的小说与戏剧之类列入文学史中"和"能注意及佛教对于中国文学的影响"是两大"好处"①，他还在《插图本中国文学史》的《绪论》中提到这部著作。可见翟理斯在中国新文坛上也有一定的知名度。

不管是鲁迅还是郑振铎，当时都以为翟理斯此书是外国学者研究中国文学史"最初的著作"，这与郁达夫的看法正相一致。郁达夫此文赞同翟理斯是撰写中国文学史创始者之说，强调翟理斯著作中"最为我们东方人所佩服的"就是这部至少在中日两国研究著作中"占据首席"的《中国文学史》。当然，郁达夫同时也实事求是地指出此书"内容却也不能完全使人满意"，尤其是作者把《太上感应篇》《玉历钞传》等都当作文学作品看，未免不伦不类。不过，最近已有论者发现，早在 1880 年，俄国汉学家王西里就出版了一部《中国文学史纲要》，就是郁达夫文中提到的日本明治时代，出版的中国文学史专著也不下十多种，较为完备的如古城贞吉的《中国文学史》（1897 年版）、笹川种郎的《中国文学史》（1898 年版），

---

① 西谛：《评 H.A.Giles 的〈中国文学史〉》，1922 年 9 月 21 日《时事新报·文学旬刊》第 50 期。

都大大早于翟理斯此书①。因此,外国最早撰写中国文学史的人,无论如何是轮不到翟理斯了。尽管如此,翟理斯此书在西方研究中国文学史上的地位,以及翟理斯翻译绍介中国古典文学的贡献,还是应该历史地给予评价,郁达夫此文的基本观点是经得起时间考验的。

至于另一位英国东方学者张伯伦,他曾在东京帝国大学英文学系执教,精通多国文字,又是个道地的"日本通",以翻译日本诗歌著称,但对中国文学界来说却比较陌生。郁达夫因在日本留学时亲聆过张伯伦的声音,所以对他的逝世"更觉得是黯然神伤"。文中对张伯伦的音容笑貌作了生动的描述,对张伯伦的译笔也备加推崇,缅怀伤悼,写得很有感情。

中国新文学作家中,通晓中西文化的饱学之士屈指可数,郁达夫也许可以算得一位。从这篇《两位英国的东方学者》就能看出达夫读书之广博,识见之精到,他对翟理斯、葛鲁贝、张伯伦等人的著译可谓信手拈来,如数家珍。在1930年代,很少有人像他这样关注并了解西方的东方文学研究,这是十分难得的。

(原载1989年4月1日香港《明报月刊》第280期)

---

① 参见陈福康:《谈鲁迅所说"外国人所作之中国文学史"》和《再谈"外国人所作之中国文学史"》,北京《鲁迅研究动态》,1987年第5期和第9期。

《Huala!Huala!》的发现

1932年10月12日,郁达夫在《沧州日记》中记云:"昨晚寄出一稿,名《不亦乐乎》,具名'子曰'。系寄交林语堂者,为《论语》四期之用,只杂感四则而已。"①

24年之后,郁达夫这则日记引起了瞿光熙先生的注意。他在考证郁达夫的笔名时,引用了这则日记,但他接着指出:"再查《论语》,不但第四期中未发表《不亦乐乎》一稿,自始至终未见发表这四则杂感,亦无署名'子曰'的文章。"②从常理说,郁达夫是《论语》同人之一③,又是林语堂的好友,在一般情况下,这四则杂感也不会寄失,为什么《论语》未能发表呢?令人费解。

两年之前,我与王自立先生合作编订12卷本的《郁达夫

---

① 郁达夫:《忏余集》,上海天马书店,1933年2月初版。
② 瞿光熙:《关于郁达夫的笔名》,1957年5月13日上海《新民晚报刊》。
③ 郁达夫在《继编〈论语〉的话》(载1936年3月1日《论语》第83期)中说过他是《论语》首次编委会议的出席者。

文集》，为慎重计，我仍把《论语》从头至尾查阅了一遍，希望能发现这四则杂感，结果除了再次证实了瞿先生的论断外，一无收获。最近，我因查找别的材料，又去翻阅《论语》，不料在1932年11月1日出版的第1卷第4期"论语"专栏内见到一篇题为《Huala!Huala!》的杂文，经过分析，我认为它正是郁达夫在日记中所说的"杂感四则"之一。文章不长，先照录如下：

Huala! Huala!

义勇军天天打胜仗，逼近沈阳、长春、牛庄、××、×××××××……等处，不知逼近了多少次。杀伤日本兵及伪满洲国军，不计其数。依照报上消息看来中国已经是大胜了，日本人应该去恳求国联，出来讲句公道话，帮帮日本的忙才对。鲁迅先生新出的《三闲集》里，头上有一篇和人讨论小说的真实性的文字，中间叙着一段江北人的变戏法的说话，说："老者用刀向小孩的光脊肋上一刺，刀柄里的紫苏水便四溅得鲜血淋漓，于是乎老者就叫着 Huala!Huala! 向四周看戏法的要钱！"我只希望报上的油墨不是紫苏水，而我们劳苦群众所出的义捐金不是 Huala, Huala 的应声才好！

（达）

《论语》自创刊号起，每期都有杂谈性质的"论语"专栏，由主编林语堂和《论语》同人全增嘏、姚颖等执笔。林语堂当然写得最多，文末署名则大都取作者姓名中的一个字，如"语""娓""颖"等。这篇刊于"论语"专栏中的《Huala!Huala!》署名"达"，而《论语》同人里只有郁达夫的名字中有一个"达"字，而且，它不早不晚，正好发表于郁达夫日记中所说的"《论语》四期"，因此，我断定它是郁达夫的作品。

那么，何以只有这一篇，总题《不亦乐乎》和署名"子曰"又作何解释呢？由于当事人郁达夫和林语堂都已去世，我只能作大致的推测：林语堂当时收到了郁达夫寄去的四则总题为《不亦乐乎》的杂感后，出于某种原因，只挑选了这篇《Huala!Huala!》在第 4 期上发表，同时删去总题，并把原署名"子曰"改为"达"。这篇杂文末尾还附有一段《记者按》："Huala!Huala! 上月南京夫子庙尚看得到；但是一三十岁大人站在一十二岁女子肚上喊的。请大家去看那小孩脸上的神情。"大概是出自林语堂的手笔。我再遍查《论语》，署名"达"的文章仅此一篇，看来另三则杂感终于未能刊出，是否退还给郁达夫，就不得而知了。

郁达夫是 20 世纪 30 年代写作杂文的大家之一，这篇《Huala!Huala!》，短小精悍，泼辣犀利，应可归入郁达夫的优秀杂文之列。当时广大民众出于对日本帝国主义的义愤，纷纷捐款支援东三省义勇军的抗日武装斗争，谁知大部分落入了当权者的腰包，而报纸上又全都是虚假骗人的消息，郁达夫这篇杂文就无情地揭露了当权者一方面推行不抵抗政策，一方面乘机中饱私囊的丑行。文中还令人注目地引用了鲁迅《三闲集·怎么写》中的一段话（与原话略有出入）[①]，据《鲁迅日记》1932年10月2日记载："上午达夫来，赠以《铁流》《毁灭》《三闲集》各一本。"郁达夫马上读了《三闲集》，4天之后，他去杭州养病，8天之后，写这篇杂文，就引用了《三闲集》里的话，由此也从一个侧面反映出郁达夫对鲁迅的尊重。

我为自己在无意中发现这篇《Huala!Huala!》，从而解决了郁达夫研究中这个不大不小、长期悬而未决的问题而感到欣喜，如果瞿先生还健在，他一定也会感到高兴的吧！

（原载1986年4月《中国现代文学研究丛刊》第26期）

[①] 鲁迅的原话是："记得年幼时，很喜欢看变戏法，猢狲骑羊，石子变白鸽，最末是将一个小孩子刺死，盖上被单，一个江北口音的人向观众装出撒钱模样道：Huazaa!Huazaa! 大概是谁都知道，孩子并没有死，喷出来的是装在刀柄里的苏木汁，Huazaa一够，他便会跳起来的。"

达夫的"志摩全集序"

2012年10月6日晚,微博博友"如何不沉沦"发帖,认为徐志摩空难后,郁达夫写过三篇纪念文,其中《志摩在回忆里》和《怀四十岁的志摩》已收集,但"依据达夫《冬余日记》记载,应该还有一篇《志摩全集序》,此文未收入《郁达夫文集》"。他的提问激发了我的考证欲。

查搜集最为齐全的2007年浙江大学出版社版《郁达夫全集》,并无《志摩全集序》踪影。是达夫未写,写了散佚,还是别有原委?再查达夫1935年11月间的《冬余日记》,关于《志摩全集序》的记载如下:

11月24日 《玉皇山在杭州》(《时代》)、《江南的冬天》(《文学》)、《志摩全集序》(《宇宙风》)这三篇文字打算于廿六以前写了它们。

11月26日 作追怀志摩一篇,系应小曼之要求而写的……

11月27日　午前将那追怀志摩的东西写好寄出，并发小曼等信。

显然，《志摩全集序》这个标题在《冬余日记》中只出现了一次，此后就改称之为"追怀志摩"了。到了1936年1月，《宇宙风》第8期刊出达夫的《怀四十岁的志摩》，时间上正好前后衔接。换言之，发表时正式标题《怀四十岁的志摩》的纪念文，正是《冬余日记》中所说的"那追怀志摩的东西"，也即该日记中一开始所提的《志摩全集序》。

这个结论从《怀四十岁的志摩》中也可得到证实。此文最后一段中说："这次当志摩四十岁诞辰，我想最好还是做一点实际的工作来纪念他，较为适当；小曼已经有编纂他的全集的意思了，这原是纪念志摩的办法之一。"联系《冬余日记》中所说的此文"系应小曼之要求而写的"，应可进一步推断：陆小曼为纪念徐志摩校友四十冥寿和编辑其全集，请志摩中学校友郁达夫撰文，达夫于是写了情真意切的全集序文《怀四十岁的志摩》。

因此，达夫纪念志摩文仍然只有两篇，《怀四十岁的志摩》就是《志摩全集序》。但是，也许文章标题不同，此后海峡两岸出版的各种志摩全集，包括最新的2005年天津人民出版社版《徐志摩全集》，均未收录，不能不说是件憾事。今后如再新出志摩全集，达夫此序理应置于卷首。

（原载2012年10月27日《文汇报·笔会》）

《战地归鸿》重现人间

1992年12月,也就是现代著名作家郁达夫在印尼被日本宪兵秘密杀害47年之后,郁达夫故乡的浙江文艺出版社出版了12卷本、洋洋300余万言的《郁达夫全集》,这是迄今搜寻最为齐全、考订最为详尽的郁达夫作品集。但"全集"还是不全,遗珠之憾仍在所难免,笔者不久前发现的《战地归鸿》就是一篇新的郁达夫佚文。

时光倒回到战火纷飞的1938年4月,刚被选为中华全国文艺界抗敌协会理事兼研究部主任的郁达夫,与盛成一起代表政治部和文协前往台儿庄前线慰劳正与日本侵略军浴血奋战的国民党抗日将士,在此期间,郁达夫给当时的妻子王映霞写了3封信。同年7月1日,这3封信以"战地归鸿"为题发表于武汉出版的《文艺》复刊二号(总第5卷第5期)。先让笔者当一回文抄公,把这3封信移录如下:

一

霞：

十七晨上车，抵郑州已昏夜，有各民众团体来站相迎，与黄河前线，相距仅五六十里，而郑州居民尚镇静如恒，当系民众运动做得起劲之效果。

车站前残房破垒，血迹尚殷殷可辨，倭寇肆毒之遗迹，能令我中华民族永纪不忘。民众敌忾心高涨，一谈到倭寇，无不眦裂发指，老大民族，经此一番教训，复兴当然有望。而军民合作，百姓之甘为国牺牲之处，尤令人见了堕泪。

此间有裕丰纱厂，工人男女合计三千余人，此次因战争而失业。工人代表团来请愿，都以愿赴前线，为国效命为言，大约政府当设法施发给养。

激成老百姓之敌忾心的最大一点，为倭寇之奸淫。长江大河以北，居民纯朴，重视贞操，尚余太古遗风，经日本军狗之蹂躏后，为夫者欲为其妇报仇，为父者欲为其女报仇，为兄弟者欲为其姊妹报仇，同仇敌忾，揭竿而起，倭寇之挑拨民怨，当是其致命伤，殁落期谅不在远。

昨日忙了一天，莅临民众大会，向第X战区司令长官献旗，视察民训政训工作，接见工人代表团，晚上饱啖黄河鲤而睡。

今晨当去黄河南岸劳军，遥瞩倭寇北岸情形，拟向之大呼口号，招反战之日本士兵来归降也。

晚上去徐州，有事请电徐州第五战区司令长官参谋处转政治部慰劳前线壮士代表团。

达夫在寓舍书四月十九日

二

霞：

　　四月十九日到黄河南岸，题诗五龙顶，归谒虞姬祠，预备他日收复西京时，再来致敬献香。匆匆寄回此邮片，请善藏作永久纪念。

达夫上

三

霞：

　　来徐州已将四五日，前两天去了中国打倭寇划一时代的台儿庄。历访了于总司令学忠、孙总司令连仲等前线将士，总算是经过了敌人炮火下的一条血路。头上的炮火，时常飞来。轰隆隆轰隆隆的重炮声，不断地打着。还有飞机（敌机）的飞来飞去，麦田里躲避，也不知躲避了多少次。前线的将士，真能够拼命，我们扼守着台儿庄东南，扼守着郯城、临沂、峄县、邳县等地的血肉长城，不管他炮火轰得如何厉害，总是屹然不动，使倭寇无法可施。等炮火一停，或倭兵看见了之后，就冲出战壕来杀，砍，放机枪步枪。倭寇有的是炮火，我们有的是勇气。倭寇在这拐角形的线上，一天平均总要死二三千人，伤者倍此。我们的伤亡，也差不多和他们一样。可是照此样子,维持一月两月,在我们是并不要紧,而倭寇却就为难。所以我们下了死守徐州的决心。

本来打算上山东曹县去一走,但因时间不许可,对于那一线的将士,只能遥致敬意与慰劳,拟于今晚动身到开封去。

在开封顶多只住一两日,然后就往郑州回武昌。车过信阳,当下车去上潢川一看青年干部在那里训练的情形,到家当在五月初旬。

先告行踪,然后再祝你们全家的康健。

达夫手书四月廿七日

《文艺》编者在复刊第二号《编辑后记》中指出,抗战初期文坛上活跃的"四个特殊现象"之一是"报告文学的发扬",该期发表的《战地归鸿》正好和盛成的《徐州回忆录》、以群的《合峰道上》组成一个特辑,以示对"报告文学"的提倡。毫无疑问,《战地归鸿》真实记录了日本侵略者烧杀淫掠的暴行,讴歌了中国军民奋勇抵抗日本侵略者的大无畏精神,是研究抗战文学,也是研究郁达夫爱国文学生涯的宝贵文献。

可惜的是,《战地归鸿》被埋没了整整47年之久。这当然是事出有因。据笔者查考,最早提到这篇佚文的是南京师范大学编印的《文教资料简报》。该刊1987年12月号发表了朱守芬的《郁达夫著作篇目补遗》,其中有"《战地归鸿》(通讯)

载《文学大路》复刊第二号1938.7.1"条，作者还作了如下的说明："这是致王映霞信三通，时间为一九三八年四月十九日、二十七日，另一信未署时间。"1989年3月杭州大学出版社出版的陈其强著《郁达夫年谱》，1990年2月日本东京大学东洋文化研究所出版的伊藤虎丸、稻叶昭二、铃木正夫编《郁达夫资料总目录附年谱》，都沿用了这条资料。但是问题并未解决，《文学大路》始终没有显露真容，《战地归鸿》也就始终不见踪影。

其实，《文学大路》系《文艺》之误。从这3封信的性质、写作时间和发表时间对照分析，朱守芬所说的《文学大路》复刊第二号所载《战地归鸿》只能是《文艺》复刊第二号所载的《战地归鸿》，换言之，天地间并不存在《文学大路》复刊第二号，也不可能再有另一篇《战地归鸿》。经过时间无情的淘洗，《文艺》复刊第二号已属凤毛麟角，很可能已成为海内孤本。1988年9月武汉长江文艺出版社出版的章绍嗣等著《武汉抗战文艺史稿》在介绍《文艺》时，就认为该刊在1938年6月只复刊了第一号（第5卷第4期），并无复刊第二号的存在。就是《文艺》主编胡绍轩本人，在回忆长文《〈文艺〉月刊出版始末记》（收入1991年12月重庆出版社出版的《现代文坛风云录》）中也只对《文艺》复刊第一号作了详细介绍，并说复刊第一号出版后，由于武汉空袭频繁，他本人又患病回乡疗养而导致《文艺》停刊，没有续出复刊第二号。而今《文艺》复刊第二号重现人间，证实上述种种说法均与事实不符，实在应该庆幸。

　　这些年来，笔者一直在寻找郁达夫这篇《战地归鸿》，"皇天不负有心人"，终于让笔者如愿以偿。在中国人民抗日战争胜利 50 周年，也是郁达夫殉难 50 周年之际，笔者把这个新发现公之于世，以慰郁达夫先生在天之灵。

　　（原载 1995 年 9 月 2 日《文汇读书周报》）

《回忆鲁迅》补遗

郁达夫的《回忆鲁迅》是鲁迅逝世以后为数不多的长篇回忆录之一，其感情之真挚，文笔之晓畅，更为同类文章中所少见，《鲁迅学刊》创刊号特予重新发表，确是一件大好事。不过，创刊号所载还不是《回忆鲁迅》的全文，它遗漏了4章。

《回忆鲁迅》是郁达夫自1938年8月至1939年7月间断断续续写成的。1938年7月，郁达夫从武汉到湖南汉寿避难，在国仇家恨交织的悲愤心情下，动手撰写《回忆鲁迅》，他后来对此说得很明白："去年自武汉疏散出来，避难在洞庭湖南岸的汉寿，一住就住上了三个月。在汉寿，没有书看，也没有事情做；忽而接到香港的陶亢德的信，说《星岛周刊》，将次发刊，无论如何，要为他写一点东西。就于病闲伤老——没落、伤老的心绪，自从被沫若比作孤竹君之幼子以来，尤其是有了家庭不幸的现在，二十年左右，始终不曾离开过我一时半刻，实在是一种奇怪的心理现象——之余，为他写了几段回忆鲁迅的断片。"郁达夫在汉寿期间所写的《回忆鲁迅》仅有《序言》和前6章（第六章只有一段，《学刊》创刊号在刊登时把该章和第七章合并在一起了），先在香港《星岛周刊》第一期上发表了一部分，翌年5月，陶亢德等编辑的《宇宙风乙刊》在上海创刊，又全部重刊了一次，重刊时还有个《编者按》，全文为："本文原是郁先生写给在香港出版的一个周刊的，只登了一小半，那个只印二三千本的周刊便停刊，所以在本刊把全文刊登一次。郁先生原拟写成三四万字，现在他作客南洋，编者已去函请为续写，以成完璧。"当时郁达夫已远走新加坡，担任《星洲日报》副刊编辑。他应约继续撰写《回忆鲁迅》，并打算"若环境许可的话，总想每期写出一点来，直记到他死的时候止"。为了使海内外读者都有机会读到《回忆鲁迅》，续写的章节就分别在《宇宙风乙刊》和郁达夫自己编辑的《星洲日报半月刊·文艺》上连载，至同年8月同时载完。

  但是，我们最近把这两份刊物上所载的《回忆鲁迅》作了比较之后，发现《宇宙风乙刊》比《星洲日报半月刊》少了整整4章。这4章在整篇回忆录中的位置，按《学刊》创刊号所载，为该书第81页第三自然段之后。四章的内容主要是回忆鲁迅在广州和鲁迅与创造社、太阳社之间关于"革命文学"论争的一些情况，尽管其中有些细节与事实有出入，如把鲁迅称作"中国的堂·吉诃德"，并非钱杏邨所说，而是李初梨的《请看我们中国的DonQuixote的乱舞》和石厚生（成仿吾）的《毕竟是"醉眼陶然"罢了》等文章中的话，但总的说来，这

4章还是提供了许多有价值的史料和重要的线索。那么，为什么《宇宙风乙刊》未能刊载呢？也许是编者当时出于某种考虑删去了，也许是郁达夫根本就没把这4章寄回国内发表，不管怎样，这个遗漏毕竟是令人遗憾的。1940年1月，宇宙风社出版单行本《回忆鲁迅及其他》时，这四章仍然没有补入，这样，它们就一直未能与国内读者见面。《学刊》创刊号是依据1940年7月《回忆鲁迅及其他》三版本转载《回忆鲁迅》的，当然也缺了这4章。现在，我们就把这4章全文依照原貌提供，以求真正的完璧。

（原载1981年7月辽宁省社会科学院文学研究所《鲁迅学刊》第2期，与王自立先生合作）

《孔夫子博览会开幕致词》及其他

南京紫金山天文台推算，今年9月28日是孔子诞辰2 540周年。中国孔子基金会将先后在北京和曲阜召开"孔子诞辰2 540周年纪念与学术讨论会"，探讨孔子、儒家的历史地位和对现代社会的影响，曲阜还将举行首届孔子文化节，北京的邮电部也郑重推出孔子纪念邮票多种，盛况可谓前所未有。笔者也因此想起了一段往事。

1941年8月15日下午，为纪念孔子降生2 492周年，一个"孔夫子博览会"在新加坡快乐世界体育馆隆重开幕，出席典礼的有当地侨团代表、教育及文化界贤达、中西各报记者、孔子第72代孙等千余人。

开幕典礼的主席就是当时任新加坡《星洲日报》副刊主编的郁达夫；他首先向来宾致词。这篇言简意赅的讲词从未收集，《郁达夫海外文集》①和《郁达夫全集》均未著录，长期

---

① 郁风编：《郁达夫海外文集》，三联书店，1990年12月初版。

不为人知，现将记录稿重新发表如下：

今天孔夫子博览会在这里举行开幕典礼，我们第一点要声明的，这不是提倡复古，我们只觉得我们中国的文化，在海外的宣传工作，还做得不够，很有使人家知道知道所谓中国文化，究竟是些什么东西的必要。说到中国文化，那么自然要把对这文化的最大影响者举出来做个例子，孔夫子所给予我们中国文化的影响，是很大很大的这一句话，想来是谁也不会否认的罢。那么我们要想认识中国的文化，就也有研究一下孔子的必要。

孔夫子是圣之时者也，使他老夫子而生在今日的话，我想他的抗战到底，联合民主国家，反对侵略的主张，决不会和我们有丝毫的出入。至于因孔子的教条，而发生了许多封建械梏的惨酷的事实，那并不是孔子之罪，而是曲解孔子的许多伪儒伪道学家的责任。

食古不化，以古而非今的人，大抵是别有作用的人，每当外族入主中国之后，假借孔子的学说来收服人心，或者有些君主，利用了孔子来实行专制愚民的，都因为孔子的真学说，真理论，没有被一般人认识的缘故。

现在当这博览会开幕之际，我们特请教育界前辈林文庆博士来主持典礼，就因为林博士是真正的儒者，是我们所尊敬的通才硕士，是有学问和教育道德的典型。现在时间不早，就请林博士来剪彩。

郁达夫是新文学的杰出作家，从惊世骇俗的《沉沦》开始，他的创作几乎无一不是离经叛道——"离"儒家典籍之"经"，"叛"封建礼教之"道"。尽管如此，郁达夫并没有全盘否定儒家始祖孔子，上述讲词就是一个明证。后期的郁达夫思想更趋成熟。他认识到孔子对几千年中国传统文化的重大影响，强调必须重新评估历史上真实存在的孔子，还孔子学说的本来面目，把孔子思想与后世伪儒的理论区别开来，珍惜一切有价值的部分。

在一篇简短的演讲稿里，郁达夫自然不可能更有系统地发挥其观点。但读者从中已可看出郁达夫对待孔子、儒家和整个中国传统文化思想的真知灼见，这在当时的新文学家中也是不多见的。

当时，为了配合孔子诞辰纪念，新加坡还出版了一册《孔夫子特大号》，其中有《纪孔子及夫人丌官氏像》一文，署名郁达夫。海外有研究者认定其为郁达夫未结集的佚文[①]。笔者核对后，始知此文实为郁达夫1933年所作《浙东景物纪略·烂柯纪梦》[②]中的一部分，只不过首句略有改动而已。当时为纪念孔子诞辰，乃从《烂柯纪梦》中抽出重刊，特在此说明，以免以讹传讹。

（原载1989年10月香港《明报月刊》第286期）

---

① 参见姚梦桐：《郁达夫旅新作品总目录系年》，《郁达夫旅新生活与作品研究》，新加坡新社，1987年9月初版。

② 郁达夫此文收入散文集《屐痕处处》，上海现代书局，1934年5月初版。

郁达夫致王映霞的一通情书

郁达夫致王映霞书简一通，书于"幻社出版部制"之"原稿纸第一号"，规格为 12×30 字，共两纸，有编号，紫墨水钢笔书写。现据原信照录如下：

映霞君：

十日早晨发了一封信，你在十日晚上就来了回信。但我在十日午后，又发一封信，不晓得你也接到了没有？我只希望你于接到十日午后的那封信后，能够不要那么的狠心拒绝我。我现在正在计划去欧洲，这是的确的。但我的计划之中，本有你在内，想和你两人同去欧洲留学的。现在事情已经弄得这样，我真不知道如何是好。我接到了你的回信之后，真不明了你的真意。我从没有过现在这样的经验，这一次我对于你的心情，只有上天知道，并没有半点不纯的意思存在在中间。人家虽则在你面前说我的坏话，但我个人，至少是很 sincere 的，我简直可以为你而死。

沪上谣言很盛，杭州不晓得安稳否？我真为你急死了，你若有一点怜惜我的心思，请你无论如何，再写一封信给我！千万千万，因为我在系念你和你老太太的安危。啊啊，我只恨在上海之日，没有和你两人倾谈的机会，我只恨那些阻难我，中伤我的朋友。他们虽则说是在爱我爱你，故而出此，然而我

伯刚那里，好几天不去了。因为去的时候，他们总以中国式的话来劝我。说我不应该这样，不应该那样。他们太把中国的礼教，习惯，家庭，名誉，地位看重了。他们都说我现在不应该牺牲，（损失太大）不应该为了这一回的事情而牺牲。不过我想我若没有这一点勇气，若想不彻底的偷偷摸摸，那我也不至于到这一个地步了。所以他们简直不能了解我现在的心状，并且不了解什么是人生。人生的乐趣，他们以为只在循轨蹈矩的刻板生活上面的。结了婚就不能离婚，吃了饭就不应该喝酒。这些话，是我最不乐意听的话，所以我自你去后，尚贤坊只去了一两趟。

此外还有许多自家也要笑起来的愚事，是在你和我分开以后做的。在纸笔上写出来，不好意思，待隔日有机会相见时再和你说罢。

我无论如何，只想和你见一面，北京是不去了。什么地方也不想去，只想到杭州来一次。请你再不要为我顾虑到身边的危险。我现在只希望你有一封回信来，能够使我满意。

达夫　二月十日午后

在现存郁达夫致王映霞书简中，此信按时间排列为1927年第4通，也是所有书简的第4通。初收入1982年5月天津人民出版社初版《达夫书简——致王映霞》（王观泉编，以下简称《达夫书简》），先后编入《郁达夫文集》（广州花城出版社、香港三联书店联合版）和《郁达夫全集》（有浙江文艺出版社版和浙江大学出版社版，后者搜集最为齐全）。2008年6月天津人民出版社又出版了经过修订的《达夫书简》第三版，这封书简仍收录在内。

经与原件核对，排印稿有两处出入，一为书简第二自然段也即原信稿第一页最后一句"然而我"后无何标点符号，似未完。《达夫书简》初版本此句后为"……"，三版本此句后为"。"，均为编者所加，拙见应保持历史原貌，另加注说明；二为书简第三自然段中"循轨蹈矩"一词，《达夫书简》第三版规范为"循规蹈矩"，拙见也大可不必，也应保持历史原貌"循轨蹈矩"为宜。

此信落款"达夫二月十日午后"，实有误，需略作考证。信开头说得很清楚，"十日早晨发了一封信，你在十日晚上就来了回信。但我在十日午后，又发一封信，不晓得你也接到了没有？"这里所说的"十日午后，又发一封信"，显然不是指此信，而是指此信之前的一封信，已不存。因为既然"十日午后，又发一封信"，此信何以再落款"二月十日午后"？不可能同时有两个"十日午后"。

查郁达夫1927年2月1日至16日的《穷冬日记》，有如下记载：

（10日）吃过午饭，又有许多文学青年来访，就和他们出去，同时又写了一封信给映霞。大约我和她的关系将从此终断了。

（11日）晚上又接到映霞的来信，她竟明白表示拒绝了。也罢，把闲情付与东流江水，想侬身后，总有人怜。……半夜里醉了酒回来，终于情难自禁，又写了一封信给映霞。

两相对照，可知《穷冬日记》所记1927年2月11日"晚上又接到映霞的来信，她竟明白表示拒绝了"，与此信中对王映霞所说的"我只希望你于接到十日午后的那封信后，能够不要那么的狠心拒绝我"，正好上下衔接吻合，据此应可断定此信的写作时间为1927年2月11日，也即《穷冬日记》1927年2月11日晚所记的"终于情难自禁，又写了一封信给映霞"的这封。何以落款时间变成了"二月十日午后"，很可能当时郁达夫酒后笔误。

当时郁达夫刚认识王映霞不久，两人尚未进入热恋，王映霞且对郁达夫的追求表示了拒绝，因此，郁达夫此信是一通情书，当无可怀疑，何况紫色正是当时男女间书写情书的专用墨水。郁达夫在信中对王映霞倾吐情愫，甚至说出"我简直可以为你而死"这样的话，无非是要表明他对王映霞是一往情深，希望王映霞接受他的火热的爱。

郁达夫是在友人孙百刚（此信中郁达夫写作"伯刚"）家中结识王映霞的，郁达夫1927年1月1日至31日的《村居日记》中对此有明确的记载，1月14日日记云："从光华出来，就上法界尚贤里一位同乡孙君那里去。在那里遇见了杭州的王映霞女士，我的心又被她搅乱了，此事当竭力的进行，求得和她做一个永久的朋友。"孙百刚后来也写了《郁达夫外传》（1982年4月浙江人民出版社版）详记其事。

但是，孙百刚等友人对郁达夫追求王映霞并不赞同，这在这通情书中已有所反映，之所以"伯刚那里，好几天不去了"，就是因为孙百刚他们不断提醒他"不应该为了这一回的事情而牺牲"。而信中又谓"我只恨那些阻难我，中伤我的朋友"，不但是指孙百刚等，还应该包括叶灵凤等几位"创造社小伙计"，叶灵凤与潘汉年等当时又在创造社内另组"幻社"，郁达夫此信所用信笺就是"幻社出版部制"稿纸。

叶灵凤晚年在不止一篇回忆文字中提到此事。他在《郁达夫二三事》中回顾了与郁达夫的交往过程后，就谈到"后来为了反对他追求王映霞，我和其他几个朋友都和他闹翻了。他在《日记九种》里曾说有几个青年应该铸成一排铁像跪在他的床前，我猜想其中有一个应该是我。"在《读郁达夫〈集外集〉》中又说："在当时许多较年轻的朋友中，包括我自己在内，大都是对王映霞不满的，认为是她害了达夫。"可惜叶灵凤直至去世，也未见到郁达夫这通书简，否则，他的回忆又可多一份证明了。

郁达夫这通情书连同其他大批致王映霞函，原来当然归王映霞所有，1939年在战火中失落，为粤汉铁路局燕孟晋先生在熊熊火堆中抢出，后又归我的前辈并同事林艾园先生所有，"文革"结束后由郁达夫友人、作家许杰先生介绍，一部分物归原主，另一部分捐赠上海图书馆。林先生曾写《郁达夫书简保存情况》一文记述其经过。王映霞又将包括此信在内的10多封郁达夫书简赠送香港李远荣兄，李兄后来将其出让，由我中介，所以我幸得此信，留作我长期研究郁达夫的一个纪念。此信流传有绪，而除了写信人郁达夫和抢救出此信的燕孟君，其他与此信有关的王映霞、许杰、林艾园、李远荣诸位，我都认识，或师或友，而今除了李兄，均归道山矣。

（原载2012年4月12日广州《时代周报》专栏版）

从郁达夫致蔡元培的佚简说起

郁达夫生前对蔡元培——这位他称之为"辈份老一点"的友人——逝世表示过深切的哀悼[1]，但是若要考察这两位中国现代文化名人的关系，可供查找的史料实在不多。笔者现在所知道的只是他俩在30年代前期曾时相过从，如已经发表的郁达夫1931年3月4日日记记云："晚上北新有人来，说门市部已被封了，就为他们去看蔡孑民氏，托为缓颊，并约明晚去听回音。"[2]上海北新书局门市部被警察当局查封，郁达夫专请蔡元培设法疏通解救，可见两人的关系非同一般；又如1932年12月，中国民权保障同盟在上海成立，蔡元培为发起人并出任副主席，郁达夫则于翌年3月当选为该盟上海分会执行委员，于是共同开会，发表宣言和声明多次，为争

---

[1] 参见郁达夫：《敬悼许地山先生》，《郁达夫文集》第4卷，香港三联书店，1982年11月初版。

[2] 于听：《郁达夫生平事略（上）》，《文化史料》第六辑，文史资料出版社，1983年6月初版。

取基本人权和言论自由而大声疾呼，如此等等。看来要对两人的交往始末作出较为全面深入的评述，还有待郁达夫有关日记和上海蔡元培故居保存的文史档案将来公之于世，才有可能。

然而笔者1985年在蔡建国兄的大力帮助下，有幸找到一封郁达夫致蔡元培的佚简，系拙编《郁达夫文集》所未收者，原信如下：

孑民先生：

前恳题字之"迷羊"，想已为挥就，当即前来拜领。刻有志摩学生赵家璧先生托为介绍，欲乞先生为伊所编书上，题一书名，若蒙俯允，则编者读者，皆受赐无穷。屡渎清神，迟日来面谢，肃此敬请

冬安

后学郁达夫顿首上

十一月十四日

关于信中所说的两件事，有必要略作解释。第一件，郁达夫的中篇小说《迷羊》初版于1928年1月10日，到1933年7月10日，已经印行了10版。笔者对各种版本的《迷羊》一一作了核对，发现书名均未采用蔡元培的题字，也许蔡元培当时因故未能为郁达夫题写，抑或另有原因？这是一个难解的谜，还得继续查考。

第二件，赵家璧1920年代末在上海光华大学英文系求学时是徐志摩的学生，徐志摩与郁达夫又是同窗好友，因此，赵家璧通过郁达夫请求蔡元培为自己所编的书题签是顺理成章的事，而且时间一定在徐志摩不幸罹难之后，否则他尽可直接找徐志摩代恳蔡元培，不必求助郁达夫。赵家璧所编的书是哪一种？据本人回忆，应为《全国大学图鉴》。笔者费尽周折，终于找到这部16开本铜版纸印的精装画册，1933年1月1日上海良友图书印刷公司初版。打开扉页，蔡元培亲笔题写的"全国大学图鉴"6个遒劲有力的大字赫然在矣。该书虽署"中国学生社编辑"，实际出自赵家璧一人之手。书前有赵家璧所作长文《中国大学之清算》，书中详细介绍了北大、清华、燕京、南开、东吴、复旦、交通等当时全国63所大学的历史沿革、课程设置和教学特点，图文并茂，颇具史料价值。这部画册的发现，也使这封佚简的写作年份最后得到确定，从徐志摩1931年11月18日飞机失事到1933年1月1日画册出版，中间只相隔一个11月14日，佚简无疑应写于1932年。

赵家璧当时不过是一个初出茅庐的年轻编辑，而蔡元培已是德高望重的学界泰斗，郁达夫也是享有盛名的新文学大家，但他们两位，一个热情推荐，一个欣然命笔，使赵家璧如愿以偿，使《全国大学图鉴》增光添彩，对赵家璧来说，不能不是极大的鼓励和支持。当然，这只是蔡元培和郁达夫许许多多关心扶掖后进的动人事迹中的一件，由于不为人知，值此蔡元培120周年诞辰之际发表出来,并以纪念蔡元培和郁达夫的友谊。

(原载1988年1月香港《明报月刊》第265期)

郁达夫致郑子瑜佚简

微博真好，可以获取各种信息，包括学术研究和史料方面意想不到的信息。2013 年 3 月 16 日在微博上与博友讨论郁达夫，博友"如何不沉沦"提到郁达夫致郑子瑜的一通书信，恰为迄今收录最为齐全的浙江大学出版社 2007 年 11 月版《郁达夫全集》所失收，照录如下：

子瑜先生：

　　来函及红豆两粒，以及其后之绝句，都拜悉。社会破产，知识阶级没落，一般现象。我辈生于乱世，只能挺着坚硬的穷骨，为社会谋寸分进步耳。所托事，一时颇难作复，故而稽迟至今。省会人多如鲫，一时断难找到适当位置，只能缓缓留意。我在此间，亦只居于客卿地位，无丝毫实权。"知尔不能荐"，唐人已先我说过，奈何！奈何！

　　专复，顺颂

时绥！

　　　　　　　　　　　　弟郁达夫上

　　此信最早见之于龙协涛编《郑子瑜墨缘录》(1993年1月作家出版社初版)，无落款时间。郑子瑜在为拙编《回忆郁达夫》所作的《琐忆达夫先生》中说，1937年元旦，他到厦门天仙旅社拜访郁达夫，"他告诉我前次寄到福州去的一封信，一对红豆，以及其后的两首绝诗都收到了，他说他曾经复我一函，问我可有收到？我说，'早就收到了。'"应该就是指此信。因此，此信写于1936年当无疑问。

　　郁达夫1936年2月应福建省政府主席陈仪之邀，到福州出任福建省政府参议，而时正"乞食漳州，三日两餐"又"很喜欢他（指郁达夫——作者注）的旧诗"的文学青年郑子瑜，写信寄诗送红豆给达夫，表示仰慕之情，同时希望达夫伸出援手，正在情理之中。然而，达夫有闲职无实权，爱莫能助，却留下了这封热情的令人感慨的信。

　　郁达夫被害后，郑子瑜实践与达夫见面时许下的为他编集诗词的诺言，编选了第一本《达夫诗词集》，1948年6月广州宇宙风社初版，1954年2月香港现代出版社再版，1955年3月同社三版，1957年星洲世界书局四版，不断增补，共得一百五十余首，为搜集整理达夫诗词尽了一己之力。

　　　　（原载2013年3月31日《文汇报·笔会》）

重见天日的一册郁达夫日记

说到郁达夫的日记，人们自然会想起风靡一时的《日记九种》。郁达夫说过："日记文学，是文学里的一个核心，是正统文学以外的一个宝藏。"① 但他同时又以为："文人卖到日记与书函，是走到末路的末路时的行为。"② 的确，郁达夫的日记，除了一部分经过艺术加工后公开发表之外，大部分是他平时记录以备查检，不供发表之用的。其中，早年的日记，曾由其原配夫人孙荃保存，近年已在香港《文汇报·笔会》略有披露。1920年代末至1930年代初的日记，一度由王映霞保存，抗战期间大部分散失。

1956年春，在浙江富阳街头，有人从一担乱七八糟的旧书刊中，偶然检出一册纸张已经泛黄的破旧的日记簿，此人是懂点文学的，他惊异地发现这原来是大名鼎鼎的作家郁达夫的

---

① 郁达夫：《日记文学》，《洪水》1927年5月第3卷第32期。

② 郁达夫：《〈日记九种〉后叙》，《日记九种》，上海：北新书局，1927年9月初版。

日记，于是毫不犹豫地向货主买下，寄交北京中国作家协会。作协书记、诗人郭小川又把这册日记交给《人民日报》副刊部进一步鉴定，确认系郁达夫日记无误。同年8月30日，就在《人民日报》副刊上选登了其中的八则。

这册日记所记时间自1929年9月8日起，至次年6月17日止，中有残缺，不少日记是用英文或德文写的。当时国内外许多大事，如蒋阎冯大战，左联成立前后上海文坛的形形色色，都在日记中有生动的反映，郁达夫本人当时情绪的波动，心境的变化，内心深处对政治、对文学以及其他许多真实的想法，更在日记中暴露无遗。显而易见，这册日记是研究郁达夫这段时期的思想、创作和研究中国1930年代文学的极为重要的资料。

1960年代初，这册日记到了北京人民文学出版社。当时该社正由冯雪峰负责编辑4卷本《郁达夫文集》，拟把这册日记编入。冯雪峰主持编辑了10卷本《鲁迅全集》，他对郁达夫也很尊重，早在1930年11月16日左联召开大会错误地表决"开除郁达夫"时，冯雪峰就投了反对票，由他来编郁达夫的文集，当然再合适不过。他当时虽身处逆境，仍全力以赴投入工作，把这册日记从头至尾，认认真真地重抄了一遍。他还与同样身处逆境的萧乾商量过如何把日记中的外文译成中文。

后来，国内形势大变，4卷本《郁达夫文集》自然无法问世，冯雪峰也于1976年1月抱恨而终。"十年浩劫"后，这册日记失了踪，不知去向，有说仍保存在人民文学出版社，也有说已移交北京图书馆珍藏，但笔者前几年曾向两处查询，均无结果。不幸之中大幸的是，冯雪峰的亲笔抄本总算保存下来了，否则，这册珍贵的日记就要得而复失，成为中国现代文学研究界的一大憾事，真得感谢雪峰啊！

而今，为了纪念郁达夫被害40周年，《新文学史料》今年第三期将整理发表这部分日记。郁达夫这册日记被发现30年之后，终于要重见天日，与广大海内外读者见面了，虽然为时未免太晚，毕竟是值得庆贺的。

（原载1985年8月23日香港《文汇报·笔汇》）

郁达夫的德文诗

郁达夫是写中文旧体诗词的大家,这已是众所周知的了,但几乎无人知道郁达夫还写过德文诗。

郭沫若曾在《创造十年》中回忆到郁达夫写德文诗的事,他说:诗剧《女神之再生》的"初稿我寄给郑伯奇看过,又由伯奇转寄了给达夫。达夫用德文做过一首诗给我,我把来寄到《民铎》杂志去一同发表过。"据查,《女神之再生》发表于一九二一年二月十五日上海《民铎》第二卷第五期,郁达夫的这首德文诗就刊登在郭沫若为该剧写的"书后"中,全诗如下:

Das Lied eines Taugenichts

Weit ist er, Weit ist er,

Der bläue, Weiche Frühlingshimmel,

Eine Glocke töent her!

Wovon Kann ich nicht erzähl'.
Nur eins, nur eins shei versichert,
Die sehusüchte mich recht schmerzern,
Kummer und Kummer,
Ich sehne mich sehr nach dir.

郭沫若对这首诗十分欣赏,在"书后"中认为"那八行诗的价值是在我那副空架子的诗剧之上",并亲自把它译成了中文:

百无聊奈者之歌

他在远方,他在远方,
青而柔的春之空,
晨钟远远一声扬!
不知来何从。
只有一声,确是只有一声,
向往令我心深疼,
烦闷,烦闷,
我在十分思慕君!

这首译诗与郁达夫的原诗一样,均未曾收集,而且很可能是郭沫若翻译的唯一的一首中国人写的外文诗。

还有必要强调的是,《女神之再生》是郭沫若早期的重要作品。初稿是散文体,作于一九二一年一月上旬,当月三十日改定为诗剧,并作"书后"。因此,郁达夫见到并有感而发写下了这首德文诗的《女神之再生》是初稿,而不是后来成为诗剧的《女神之再生》。

诗剧《女神之再生》收入郭沫若的新诗集《女神》时,"书后"被删去了,以至郁达夫这首德文诗和郭沫若的译诗一并埋没达六十年之久,而今才出土。

郁达夫这首《百无聊奈者之歌》不仅是他唯一的德文诗,也应该是他唯一的外文诗,是值得珍视和研究的。

(原诗载1981年11月《新文学史料》总第十三期,收入本书增补)

新发现的《钓台题壁》诗幅

不是尊前爱惜身，佯狂难免假成真。
曾因酒醉鞭名马，生怕情多累美人。
劫数东南天作孽，鸡鸣风雨海扬尘。
悲歌痛哭终何补，义士纷纷说帝秦。

七律《钓台题壁》是郁达夫旧体诗词中的名作，全诗直抒胸臆，风流绰约，意境深远，在1930年代曾传诵一时。郁达夫多次把诗中最为人玩赏的颔联"曾因酒醉鞭名马，生怕情多累美人"书赠海内外友人，目前所能见到的，就有新加坡学者郑子瑜和日本作家木村毅收藏的两幅，但作者手书的整首诗稿却一直未见。

最近，笔者欣喜地发现了作者友人蒋授谦先生所珍藏的这首《钓台题壁》诗幅。蒋授谦字镒平，是国民党福建省政府主席陈仪的外甥，长期担任陈仪的机要秘书。郁达夫1936年至1937年应陈仪之邀出任福建省政府参议兼公报室主任时，与蒋授谦时有过从。他们不但在工作上频繁接触，而且私交甚笃，经常杯酒畅论古今。郁达夫催促郭沫若秘密回国，蒋授谦曾参与其事。1942年1月底新加坡沦陷前夕，郁达夫把儿子郁飞送回国内请陈仪代为抚养，也是由蒋授谦具体联系和安排的。这幅诗稿题"戊寅冬日录钓台题壁之作鑑平仁兄吟正"，当是郁达夫1938年冬离开福州远走新加坡时，书赠蒋授谦留作纪念的。落款除钤有郁达夫的朱文名印外，还钤了一方白文闲章："贫贱多惭问姓名。"

也许是为文名所掩，郁达夫不以书法名世，然而他的字以潇洒清丽见称，字如其人，自有一体。这首《钓台题壁》诗幅一气呵成，俊秀飘逸，独具风韵，在现存郁达夫书法作品中可谓上乘之作，何况诗幅历经战乱和"十年浩劫"，得以完好保存至今，更属难能可贵。值此8月29日郁达夫"失踪"被害40周年之际，谨将其介绍给海内外读者，以为纪念。

（原载1985年9月14日香港《文汇报·笔汇》）

郁达夫的笔名

我国现代文学史上的著名作家郁达夫，原名郁文，表字达夫，发表文章大都署名"郁达夫"或"达夫"。他还使用过以下几个笔名：

春江钓徒 郁达夫诞生于富春江畔的富阳县城，以"春江钓徒"为笔名，表达他热爱故乡之情。在1915年11月日本名古屋第八高等学校《校友会杂志》第16号上发表《金陵怀古》《过易水》等旧诗时署此名。当时还曾刻用过"我是春江旧钓徒"的印章。翌年5月，郁达夫在八高《校友会杂志》第17号上发表《晴雪园卜居》等旧诗时也署此名。

T.D.Y. 显为其英文自署名T.D.Yuewen的缩写。郁达夫的日本东京帝国大学毕业证书上就署名T.D.Yuewen，他的另一英文自署名是James Daff Yowen。郁达夫在1921年7月7日至13日《时事新报·学灯》上发表小说《银灰色的死》时署此名。同年9月27日和29日在该报发表新诗《最后的慰安也被夺去》，则署名YDT，恰是T.D.Y.的颠倒。翌年3月15日在

《创造》季刊第一卷第一号上发表《编辑余谈》，仍署 T.D.Y.。

曰归 郁达夫在 1927 年 1 月 16 日《洪水》第 3 卷第 25 期发表政论《广州事情》署此名。当时郁达夫刚辞去广州中山大学教职回沪主持创造社出版部工作。同年 2 月 1 日在该刊第 3 卷第 26 期上发表的《无产阶级专政和无产阶级的文学》和 9 月 21 日《民众》第二期发表的《乡村里的阶级》，也署此名。

旭 郁达夫在 1933 年 5 月 6 日《申报·自由谈》上发表杂文《声东击西》时署此名。郁达夫当时的妻子原名王旭（字映霞），此名当是由此借署。

文 郁达夫在 1933 年 8 月 27 日和 29 日在《申报·自由谈》上发表杂文《杂谈七月》和《睡病颂》时署此名，这是从郁达夫的原名"郁文"衍变而来。

达 郁达夫在《文学》第 1 卷第 3 号和第 5 号"论坛"上发表了《暴力与倾向》和《查尔诞生百年纪念》两文，因该卷各期"论坛"载文均未署名，郁达夫也未署名。但 1934 年 1 月 1 日第 2 卷第 1 号"文学论坛"开始署名，该期《在圆圈上前进》一文末署了"达夫"中的"达"字。

（原载 1983 年 4 月《社会科学战线》总 22 期）

"达夫"何其多
——郁达夫小识

第一个达夫是郁达夫

研究中国现代作家的作品,笔名问题很重要。20世纪20年代,大半由于风气使然,30年代,则主要是环境使然,许多作家笔耕时都不署真名,即以大名鼎鼎的周氏兄弟而论,鲁迅一生用过一百三十多个笔名,周作人的笔名也将近百个。然而,在几位自成一家的新文学先驱者中,郁达夫是个例外。他很少使用笔名发表文章,偶尔用之,也不过是"曰归""文""达""旭"等屈指可数的几个,倒是"达夫"两字却是他撰文时经常使用的,以至后来的研究者误以为凡署名"达夫"者均出自郁达夫手笔。殊不知"达夫"固然为郁达夫经常署用,但署名"达夫"的作品未必都是郁达夫所写,因为当时文坛上不是郁达夫的"达夫"大有人在。

第二个达夫迄今仍是谜

根据笔者所见到的资料,第一篇署名"达夫"而事实并非郁达夫所写的作品,发表于1928年4月15日出版的《战线》周刊第1卷第3期。这是一首题为《冤鬼曲》的75行的长诗,全诗以"众鬼"同唱、分唱的形式,为"以共产两字而被杀的冤鬼"呼冤鸣不平,写得悲愤激越,艺术上当然粗糙,这也是当时"革命文学"作品的通病。诗前还有署名"契可妻"的一篇《达夫的〈冤鬼曲〉》,透露这首长诗是"达夫"在1927年"秋冬交替,各地杀人如麻的时候写的",以此证明"去年的中国不是绝对没有作家替冤死者说话"。

《战线》周刊系曾是"创造社小伙计"的潘汉年所编,潘汉年与郁达夫一度交往甚密,郁达夫殉难后,他还深情地忆及当年两人一同在上海四马路高长兴酒店开怀畅饮的情景。因此,如果单看该期《战线》目录,很可能把《冤鬼曲》当作郁达夫的作品,幸好诗末附有一段"编者按"作了澄清:"这里做《冤鬼曲》的达夫,据说并不是《达夫全集》的郁达夫,郁达夫自己曾对我们说过,他并未写过什么《冤鬼曲》,那么,这里的达夫当然是小说家郁达夫以外的另一位达夫,恐有误会,特此声明。"至于这位"达夫"是何许样人?至今仍是个谜。

第三个达夫是王达夫

3年之后，又有一位不是郁达夫的"达夫"出现在《文艺新闻》上。该刊1931年12月7日第39号"新刊介绍"栏内刊出一篇《毁灭》，评价鲁迅翻译的苏联法捷耶夫著长篇小说《毁灭》，强调《毁灭》的译出，有重大的意义。这篇书评署名"达夫"，尽管其文字风格与郁达夫的不太一样，以郁达夫与鲁迅之深厚情谊，人们自然会想到它出于郁达夫之手，浙江文艺出版社1985年12月出版的《郁达夫文论集》就已将其收入。但是，笔者仔细一查，不对了。1932年1月3日《文艺新闻》第43号刊出新年贺词："恭祝 朋友们努力，进步！"落款为："袁殊、毅夫、华蒂、景星、适夷、达夫、靖康敬贺"，袁殊、楼适夷、叶以群（华蒂）、翁毅夫等都是文新社同人，难道郁达夫也参与了该刊编务？一周后，该刊第44号上又刊出一篇《"叛徒"必然洋化》，署名"王达夫"，那么，书评《毁灭》的作者到底是郁达夫，还是王达夫？笔者写信向楼适夷先生请教，承他答复如下："《文新》上介绍《毁灭》一文的作者是王达夫，四川人，一个小学教师，晚间在文新社住宿，非郁达夫。"真相终于大白。实际上这位王达夫当时也是位活跃人物，上海"一·二八"战事爆发后，文艺界先后发表《告世界书》和《中国著作者为日军进攻上海屠杀民众宣言》，声讨日寇暴行，王达夫与郁达夫一起在这两份著名文件上签了名。

第四个达夫是林达夫

第三位署名"达夫"却非郁达夫的作者姓林。自1935年9月初起,杭州《东南日报》副刊《游艺》版上不时刊出署名"达夫"的剧评,如9月1日的《八一三》、6日的《遏密八音》、16日的《谈温州剧》、19日的《谈台州剧》,等等。郁达夫当时正好寓居杭州,又是其学生胡健中主办的《东南日报》副刊《沙发》的经常撰稿人,于是,国内有研究者就把这些剧评归在郁达夫名下。其实不然。且不说这些剧评无论从内容还是文笔看,都不像郁达夫的作品,只要从9月29日《游艺》第91期刊出《谈处州剧》开始,这类文章署名大都改为"林达夫"这一点分析,就不难判断这些剧评统统为林达夫所写。估计当时《游艺》发表署名"达夫"的剧评后,引起读者误解,也为郁达夫所不满,所以作者林达夫后来不得不改署全名。可惜我们对林达夫其人,除了姓名,其他一无所知。

第五个达夫志在招徕

此外,上海希望出版社还出版过一本《现代模范文选》,署"达夫编",笔者所见为1936年7月的再版本。书中选入鲁迅、周作人、郭沫若、郁达夫、冰心、朱自清、俞平伯、徐志摩和尼采、屠格涅夫、左拉、安徒生、都德、罗曼·罗兰等人的散文随笔多篇，虽然全是名家名作，编排却颇草率，何况郁达夫一生所编的散文集仅《中国新文学大系·散文二集》一种，他在日记和书信中从未提到编过这样一本《现代模范文选》，可以肯定，这本集子不是另一位"达夫"所编，就是编者借"达夫"之名招徕读者，笔者甚至怀疑这个希望出版社也是个"皮包书店"。

第六个达夫姓陈

还应提到的是，去年重建的浙江石门丰子恺故居缘缘堂里藏有一方阳文"子恺"名章，刀法工妙，边款为"刻奉子恺学长达夫"，有人就认为这位"达夫"即郁达夫，但又为郁达夫未曾与丰子恺同过学感到费解。其实，郁达夫虽也偶然操刀，治印水平并不高，这只要看一看马来西亚温梓川先生珍藏的一方郁达夫所治阴文闲章"生怕情多累美人"即可明瞭。这方"子恺"名章的真正作者是陈达夫，陈达夫长期在中学执教，擅长篆刻，与文学研究会的郑振铎、叶圣陶、俞平伯、丰子恺等人友善，叶圣陶曾在一篇文章中提到他。

真是"达夫"何其多，说不定今后还会发现新的并非郁达夫的"达夫"呢！

（原载1987年8月香港《明报月刊》第260期）

第二辑　文坛交游追索

郁达夫与鲁迅交往年表[①]

一八八一年（辛巳　清光绪七年）

　　九月十九日　鲁迅诞生于浙江省绍兴城内一个破落的封建士大夫家庭。

一八九六年（丙申　清光绪廿二年）

　　十二月七日　郁达夫诞生于浙江省富阳城内一个旧知识分子家庭。

一九〇二年（壬寅　清光绪廿八年）

　　三月　鲁迅赴日本留学，一九〇九年八月回国。

一九一三年（癸丑　民国二年）

　　九月　郁达夫赴日本留学，一九二二年七月回国。

一九一八年（戊午　民国七年）

　　五月十五日　鲁迅的第一篇白话小说《狂人日记》在《新青年》第4卷第5号发表。

[①]　本年表还收入鲁迅逝世后郁达夫文学活动中与鲁迅相关的记载，以求更全面地展示郁达夫与鲁迅的关系。

一九二一年（辛酉　民国十年）

一月四日　文学研究会在北京中山公园来今雨轩正式成立，鲁迅是该会的积极支持者。

六月八日　创造社在日本东京第二改盛馆郁达夫寓所正式成立，郁达夫为主要发起人。

十月十五日　郁达夫的第一本小说集《沉沦》由上海泰东图书局出版。鲁迅后来在小说《孤独者》中提到《沉沦》在当时青年中产生的重大影响。

一九二二年（壬戌　民国十一年）

三月　创造社和文学研究会开始就文艺主张、创作评论和翻译外国文学等问题展开争论。

一九二三年（癸亥　民国十二年）

二月十七日　到北京长兄郁华家小住的郁达夫与鲁迅结识。是日周作人邀郁达夫、张凤举、徐祖正、沈士远、沈尹默、沈兼士等午饭，鲁迅作陪，"谈至下午"。

二月廿三日　沈士远设午宴，郁达夫与周氏兄弟、钱玄同、沈尹默、马幼渔等到席，是为郁达夫与鲁迅的第二次见面。

二月廿六日　郁达夫函请鲁迅赴宴。

二月廿七日　郁达夫在北京东兴楼宴请鲁迅，鲁迅"酒半即归"。后来，郁达夫向陈翔鹤谈到他与鲁迅、周作人见面后的感想时说："二周兄弟都会着了。……鲁迅为人很好，有什么说什么，也喜欢喝点黄酒。看来我们从前的误会，真正是多余,可惜沫若同仿吾不能到北京来玩玩。"

二月廿八日　郁达夫离京回富阳前致函鲁迅告别,鲁迅得信。

三月十五日　鲁迅得郁达夫信。

三月十六日　鲁迅得泰东图书局所寄《创造》季刊第1卷第4期,为郁达夫嘱寄。

八月鲁迅的第一本小说集《呐喊》出版。郁达夫读后曾对郭沫若说:《故乡》很不坏,《阿Q正传》也很有一读的价值。

十月廿二日　郁达夫致函周作人,信中说:"《呐喊》一册,又蒙新潮社寄来,谢谢。我打算读完后做一篇《读〈呐喊〉因而论及批评》在《周报》上发表。上海方面,此书发售处不多,实为憾事,当思为鲁迅君尽一分宣传之力也。"虽然信中所说的文章后未写成,但此信表达了郁达夫对鲁迅第一本小说集《呐喊》的肯定和重视。

十一月十五日　郁达夫由沪抵京,任北京大学统计学讲师,于本日下午走访鲁迅。

十一月廿二日　下午郁达夫访鲁迅,并赠以《茑萝集》。此书封面有钢笔题字:"鲁迅先生指正郁达夫谨呈十二年十一月"。

十二月廿六日　上午郁达夫访鲁迅,赠以《创造周报》半年汇刊本,鲁迅以《中国小说史略》上卷(新潮社版)回赠。

一九二四年(甲子　民国十三年)

三月十八日　下午郁达夫访鲁迅,赠以《创造》季刊

第 2 卷第 2 期，该期发表了郁达夫的短篇小说《春风沉醉的晚上》。

四月三十日　下午郁达夫访鲁迅。

六月十五日　上午郁达夫访鲁迅。

七月三日　鲁迅首次访郁达夫，并赠以《中国小说史略》下卷（新潮社版）。晚郁达夫带陈翔鹤、陈炜谟访鲁迅，把这两位文学青年介绍给鲁迅。陈翔鹤后来回忆说："我、炜谟、冯至三人（此处系误记，实为两人——注）初次到鲁迅先生的家里去拜访，也还是与达夫兄同去的。"

十一月二日　上午郁达夫访鲁迅。

十一月二十日　晚郁达夫访鲁迅。

十二月十五日　晚郁达夫访鲁迅。

十二月廿五日　晚郁达夫访鲁迅，并赠以德国路德维希·甘霍费尔的小说《五月暴风雨》（一九二三年斯图加特彭茨公司版）一册。

本年　鲁迅和郁达夫多次商量，打算编选出版青年作者的优秀之作，以帮助青年作者更快地成长，培养更多的文学新人。一年以后，鲁迅在《并非闲话（三）》中提到此事："去年，我曾向 DF 先生（即郁达夫——注）提议过，以为该有人搜罗了各处的各种定期刊行物，仔细评量，选印几本小说集，来绍介于世间；至于已有专集者，则一概不收，'再拜而送之大门之外'。但这话也不过终于是空话，当时既无定局，后来也大家走散了。"郁达夫在一九二七年一月三十日致北京《世界日报》副刊编者的信中也谈及此事："前三四年，我在北京，屡次和鲁迅先生谈起，想邀集几个人起来，联合着来翻阅那些新出版的小刊物，中间有可取的作品，就马上为他们表扬出来，介绍给大家，可以使许多未成名的青年作家，得着些安慰，而努力去创作，后来以事去北京，此议就成了水泡。"

一九二五年（乙丑　民国十四年）

十月廿四日　在武昌师范大学任教的郁达夫本月中旬到京后，于本日上午走访鲁迅，关心鲁迅在女师大事件中与北洋政府教育总长章士钊之争。

十月卅一日　郁达夫的《咒〈甲寅〉十四号的评新文学运动》在《现代评论》第2卷第47期发表，该文驳斥章士钊反对五四文学革命的言论，声援鲁迅对章士钊的批评。

一九二六年（丙寅　民国十五年）

四月十六日　郁达夫的《历史小说论》在《创造月刊》第1卷第2期发表，文中第一次较为详细地向读者介绍鲁迅打算创作长篇历史小说《杨贵妃》之事。

七月卅一日　当时在广州中山大学文科任教的郁达夫因子龙儿在京夭折，六月中旬到京料理家事，于本日上午走访鲁迅，与即将去厦门大学任教的鲁迅告别。

十月廿九日　鲁迅在厦门得郁达夫自广州来信。

十一月七日　因郁达夫等正在广州，鲁迅在致许广平信中谈到他想去广州的打算时说："其实我也还有一点野心，也想到广州后，对于'绅士'们仍然加以打击，至多无非不能回北京去，并不在意。第二是与创造社联合起来，造一条战线更向旧社会进攻，我再勉力写些文字。"

十二月十四日 郁达夫因不满作为革命根据地的广州已出现的"龌龊腐败"，再加上海创造社出版部急需整顿，遂于十一月卅日辞去中山大学教职。并定于本月十五日离广州去上海，临行前于本日致函鲁迅，告知行踪。鲁迅廿一日得信，廿四日致许广平信中说："郁达夫已走，有信来。又听说成仿吾也要走。创造社中人，似乎和中大有什么不对似的，但这不过是我的猜测。达夫逢吉则信上确有愤言。"

一九二七年（丁卯　民国十六年）

四月上旬 郁达夫在《洪水》第3卷第29期发表政论《在方向转换的途中》，文章认为"足以破坏我们目下的革命运动的最大危险"是"封建时代的英雄主义"，并表示反对"一两个英雄"的"个人独裁的高压政策"，矛头直指蒋介石。为此，六月出版的广州《这样做》第7、8合期刊出孔圣裔的《郁达夫先生休矣》，恶毒攻击"郁达夫先生的论调，竟是中国共产党攻击我们劳苦功高的蒋介石同志的论调"，指责郁达夫"你现在做了共产党的工具，还是想跑去武汉方面升官发财"。

四月中旬 《洪水》第3卷第30期发表鲁迅与成仿吾等联署的《中国文学家对于英国智识阶级及一般民众宣言》。此宣言在同年6月日本《文艺战线》第4卷第6期重刊时，郁达夫也是签名者之一。《宣言》谴责英法等帝国主义勾结军阀屠杀中国工人的罪行，指出帝国主义是中国人民和全世界人民的共同敌人。《宣言》说："我们现在第一要为了打倒资本帝国主义而团结，将来把资本帝国主义打倒之后，我们更可以为世界的生活发展而互相扶助。"《宣言》还要求英国工人和进步的知识界与中国人民团结一致，共同战斗。

六月中旬　郁达夫在《洪水》第3卷第32期发表《日记文学》，从"文学家的作品，多少总带有自叙传的色彩"的观点出发，认为"以第三人称写出的"作品往往会使"文学的真实性消失"，使读者产生"一种幻灭之感"，只有日记体裁的作品才"可以使真实性确立"。

八月十五日　郁达夫在上海《申报》和《民国日报》刊登《启事》，声明退出创造社。台湾作家黄得时后来回忆说，九年以后，郁达夫自日本返回福州途中在台湾参加当地新民报社举行的座谈会时，曾就为何"退出创造社去和鲁迅握手"这个问题作了回答："当时的创造社，年少的左倾分子甚多，我很不满意他们的态度。又我老早就想要和鲁迅出一本好的杂志，所以我才和他握了手。"

九月十五日　鲁迅作《扣丝杂感》（载同年十月廿二日《语丝》第154期），文中回击了广州《这样做》对郁达夫的诬蔑："先前偶然看见一种报上骂郁达夫先生，说他《洪水》上的一篇文章，是不怀好意，恭维汉口。我就去买《洪水》来看，则无非说旧式的崇拜一个英雄，已和现代潮流不合，倒也看不出什么恶意来。这就证明着眼光的钝锐，我和现在的青年文学家已很不同了。"

九月十九日　鲁迅致函章廷谦，信中说："这里的一部分青年已将郁达夫看作危险人物，大奇。"

九月廿二日　鲁迅作《怎么写（夜记之一）》（载同年十月十日《莽原》第18、19期合刊）。文中又提到《这样做》对郁达夫的攻击："达夫先生是我所认识的，怎么要他'休矣'了呢？急于要知道。"并对《这样做》作了尖锐的讽刺："达夫先生我见过好几面，谈过好几回，只觉得他稳健和平，不至于得罪于人，更何况得罪于国"，再次公开支持了郁达夫。

鲁迅同时对郁达夫在《日记文学》中片面理解文学的真实性问题提出批评，认为文学作品"大抵是作者借别人以叙自己，或以自己推测别人的东西"，"即使有时不合事实，然而还是真实"，至于体裁只是个形式问题，并以《板桥家书》和《越缦堂日记》为例，说明日记体裁的作品仍然存在真实性的问题，"装腔"和"做作"的日记同样会使读者"仿佛受了欺骗"。

十月三日　鲁迅和许广平自广州抵沪，下榻共和旅馆。

十月五日　北新书局李小峰为鲁迅到沪，在全家福设晚宴接风，郁达夫和王映霞应邀出席作陪，本日郁达夫日记记云："六时余到四马路去赴约，席上遇见了鲁迅及景宋女士诸人，谈了半天，总算还觉得快活。"

十月六日　上午郁达夫和王映霞同去共和旅馆访鲁迅。中午郁达夫在六合居宴请鲁迅、许广平，陶元庆、许钦文出席作陪。

十月十一日　郁达夫介绍进步刊物《民众》编辑周志初、胡醒灵访鲁迅。

十月十六日　下午郁达夫访鲁迅。

十月十九日　郁达夫和鲁迅共同出席中共领导的中国济难会工作人员王望平（王弼）在兴华酒楼举行的晚宴，同席还有钱杏邨、蒋光慈、许杰、楼适夷、潘汉年等，共11人。宴会开始前，郁达夫曾询问鲁迅，他刚发表的《〈唐宋传奇集〉序例》最后四句话"时大夜弥天，璧月澄照，饕蚊遥叹，余在广州"是什么意思，鲁迅回答说："那是我有意刺高长虹的！"

不久，郁达夫和鲁迅共同加入中共领导的中国济难会；郁达夫并和钱杏邨一起担任中国济难会刊物《白华》的编辑。

十一月二日　晚郁达夫和王映霞访鲁迅。

十一月十二日　上午郁达夫访鲁迅。

十二月八日　下午郁达夫访鲁迅。

十二月十七日　鲁迅接编的《语丝》第4卷第1期出版，郁达夫在该期上发表译文《哈提翁之意见零拾》，开始为《语丝》撰稿。

十二月卅一日　郁达夫夫妇和鲁迅夫妇共同出席李小峰在中有天举行的晚宴，同席还有林语堂、章衣萍等人。席间郁达夫"和鲁迅等赌酒，喝了微醉"。鲁迅也"饮后大醉，回寓呕吐"。

同日　鲁迅编辑的《语丝》第4卷第3期出版，郁达夫在该期上发表译文《哈提翁为什么不写戏剧》。

一九二八年（戊辰　民国十七年）

一月十日　鲁迅在《语丝》第4卷第4期上发表《卢梭和胃口》，批评梁实秋"卢梭论教育，无一是处，唯其论女子教育，的确精当"的观点。

一月十六日　郁达夫在《北新半月刊》第2卷第6号发表《卢骚传》，配合鲁迅。郁达夫在文中特别指出：他之所以要向读者介绍卢骚的生平和思想，就是因为卢骚"活在世上的时候，既受了同时代的文人的嫉妒攻击而发了疯，直到现在，还有许多英美派的正人君子（指梁实秋等人——编者注），在批评他的行为，估量他的价值，说他是一无足取。"

一月卅一日　郁达夫托北新书局李小峰将刚出版的中篇小说《迷羊》赠送鲁迅。鲁迅认真阅读了这部作品（原书为毛边本，现藏北京鲁迅博物馆，鲁迅阅读时全部裁开），后来在同文学青年董秋芳谈起这部作品时，明确表示"我不喜欢"，而且还说"在这样的时候发表这样的作品"是不应该的。

二月一日　郁达夫又在《北新半月刊》第2卷第7号发表《卢骚的思想和他的创作》，继续配合鲁迅批评梁实秋。

二月五日　郁达夫和鲁迅到沪后都成为内山书店漫谈会的积极参加者。本日傍晚，郁达夫"在内山书店见了鲁迅，谈了一个多钟头"，鲁迅打算翻译挪威作家汉姆生的长篇小说《饥饿》，向郁达夫借阅《饥饿》德译本。

二月六日　上午郁达夫访鲁迅，并借与汉姆生的《饥饿》德译本。

二月十二日　下午郁达夫访鲁迅，未遇，留借德国莫洛翻译的汉姆生的小说集，赠俄国作家蒲宁的小说《米佳的爱情》德译本（一九二五年柏林菲合尔出版社出版）。

二月十六日　郁达夫在《北新半月刊》第2卷第8号发表《翻译说明就算答辩》，就怎样评价卢骚等问题，反驳梁实秋在《读郁达夫先生的〈卢骚传〉》（载二月五日《时事新报》）中对他的批评，同时，也谈到了自己脱离创造社的经过。

同日　下午郁达夫访鲁迅。

三月六日　晚郁达夫和王映霞访鲁迅，商议《奔流》编辑出版事宜。本日郁达夫日记记云："过鲁迅处作闲谈，他约我共出一杂志，我也有这样的想头，就和他约定于四月六日回上海后，具体的来进行。"

三月十日　为了进一步配合鲁迅，郁达夫针对梁实秋"辛克莱尔之书，并无多大价值"的言论，自本日起开始翻译美国辛克莱的文艺论著《拜金艺术》，译文自四月一日起在《北新半月刊》上连载。40年后，梁实秋还提到此事："郁达夫原是属于浪漫颓废一类型，但是很奇怪的他在《北新半月刊》里连载翻译辛克莱的《拜金艺术》，为左派推波助澜！"

三月十四日　鲁迅致函章廷谦，信中说："达夫那一篇文（指《翻译说明就算答辩》——编者注）的确写得好，比忽然自称'第四阶级文学家'的好得多了。但现在颇有人攻击他,对我的更多。五月间,我们也许要再出一种期刊玩一下子。"

三月廿四日　下午郁达夫访鲁迅。

三月廿五日　下午郁达夫访鲁迅。

三月卅一日　下午郁达夫访鲁迅。

四月一日　郁达夫致函鲁迅,邀请鲁迅赴宴。

四月二日　郁达夫夫妇在陶乐春设午宴欢迎来华访问的日本诗人金子光晴、画家宇留河太吕、中国文学研究者国木田虎雄等人,鲁迅夫妇和内山完造应邀出席,饭后鲁迅"持酒一瓶而归"。

四月五日　晚鲁迅夫妇在中有天宴请郁达夫夫妇,同席还有林语堂夫妇、李小峰夫妇、司徒乔、许钦文、陶元庆和周建人。

四月十日　鲁迅作杂文《头》(载四月廿三日《语丝》第4卷第17期),还击梁实秋《关于卢骚》(载三月廿五日《时事新报》)一文对郁达夫的批评。鲁迅驳斥梁实秋指责郁达夫引用辛克莱的话批评白璧德是"借刀杀人",指出梁实秋所谓"对于卢骚的道德的攻击,可以说即是给一般浪漫的人的行为的攻击",其实是在"借头示众"。

四月廿七日　晚郁达夫访鲁迅。

四月卅日　鲁迅编辑的《语丝》第4卷第18期出版,郁达夫在该期发表《文人手淫》,继续批评梁实秋等。

五月四日　鲁迅致函章廷谦,信中说:"和达夫同办的杂志，须六月间才可以出。"

五月六日　下午郁达夫访鲁迅，未遇。

五月七日　晚郁达夫访鲁迅。

五月九日　晚郁达夫访鲁迅，交鲁迅为《奔流》创刊号而译的俄国屠格涅夫的《哈姆雷特和堂吉诃德》，本日郁达夫日记记云："晚上送稿子去，和鲁迅谈到九点钟才回来。"

五月十九日　晚郁达夫和王映霞访鲁迅。

五月廿五日　晚郁达夫访鲁迅。

五月廿七日　下午郁达夫访鲁迅，并赠以一九二七年十月号日本《大调和》杂志，该期上刊有鲁迅《故乡》的译文。

五月卅日　鲁迅致函章廷谦，就章廷谦来信向鲁迅和郁达夫约稿一事答复说："要达夫作文的事，对他说了。他说'可以可以'。但是'可以'也颇宽泛的，我想，俟出版后，才会切实。至于我呢，自然也'可以'的。"后因章廷谦办的杂志未能出版而作罢。

六月一日　郁达夫向鲁迅借阅关于德国哲学家马克思·施蒂纳（Max Stirner）的书一册。

六月三日　下午郁达夫访鲁迅。本日郁达夫日记记云："午后出去看鲁迅，还以 Max Stirner 的书一本，谈了一小时的天。临走他送我一瓶陈酒，据说是从绍兴带出来者，已有八九年的陈色了，当是难得的美酒。"

六月十八日　鲁迅编辑的《语丝》第4卷第25期出版，

郁达夫在该期上发表《通信——关于 Max Stirner》。

六月十九日　下午郁达夫访鲁迅，交为《奔流》第 2 期而译的德国林道的小说《幸福的摆》。本日郁达夫日记记云："送稿子去鲁迅那里，坐谈了一个多钟头。下期的稿子打算两星期后送去，明日想当即动手翻译。"

六月二十日　鲁迅与郁达夫合编的《奔流》月刊创刊，鲁迅起草的《〈奔流〉凡例五则》中说："本刊揭载关于文艺的著作，翻译，以及绍介，著译者各视自己的意趣及能力著译，以谋同好者的阅览。"郁达夫译的《哈姆雷特和堂吉诃德》作为第一篇刊出，鲁迅并在《编校后记》中作了介绍，认为这是一篇"极有名"的论文。

同日　鲁迅得郁达夫信。

六月廿四日　郁达夫夫妇和鲁迅夫妇应邀出席林语堂夫妇在悦宾楼举行的午宴，同席还有周建人和李小峰夫妇等人。

六月廿六日　鲁迅寄李小峰信，"附与达夫笺"。

六月卅日　下午郁达夫访鲁迅。

七月一日　鲁迅得郁达夫信。

七月六日　下午郁达夫访鲁迅。本日郁达夫日记记云："午后为《奔流》三期事去看鲁迅，谈到傍晚。"

七月七日　郁达夫夫妇和鲁迅夫妇应邀出席李小峰夫妇在悦宾楼举行的午宴，同席还有林语堂夫妇、章廷谦、许钦文、苏雪林等人。

七月十八日　晚郁达夫访鲁迅，交鲁迅为《奔流》第5期而译的英国伊尔斯的《伊孛生论》。

七月廿日　《奔流》第1卷第2期出版。鲁迅在《编校后记》中指出：郁达夫在该期上发表的译文《幸福的摆》，"全篇不过两章，因为纸数的关系，只能分登两期了。篇末有译者附记，以为'小说里有一种Kosmopolitisch(世界主义——编者注)的倾向，同时还有一种厌世的东洋色彩'，这是极确凿的。"

七月廿二日　下午郁达夫访鲁迅。本日郁达夫日记记云："访鲁迅，决定第四期《奔流》的稿子之类。"

七月廿三日　鲁迅编辑的《语丝》第4卷第30期出版，郁达夫在该期上发表了《通讯——复朝霞书店的马先生》。

七月廿八日　上午郁达夫访鲁迅。

八月一日　下午郁达夫访鲁迅，就撰写《对于社会的态度》，批评创造社一些成员的错误观点与鲁迅交换意见。

八月二日　上午郁达夫访鲁迅并赠以杨梅酒一瓶。

八月四日　郁达夫和鲁迅夫妇共同出席李小峰夫妇在万云楼举行的晚宴，同席还有刘半农、沈尹默、林语堂夫妇、张友松和周建人。

八月八日　《申报·艺术界》刊出署名慎之的《"上海咖啡"》一文，造鲁迅、郁达夫的谣言。郁达夫即作《革命广告》一文进行揭露。本日下午郁达夫访鲁迅，交《革命广告》稿给鲁迅。

八月十日　鲁迅为郁达夫的《革命广告》作《附记》一

篇，进一步还击慎之，并顺笔讽刺了创造社一些成员对他的指责。两文一并发表于八月十三日《语丝》第 4 卷第 33 期（鲁迅的《附记》收入《三闲集》时改名《革命咖啡店》）。

八月十五日　鲁迅致函章廷谦，信中说："创造社开了咖啡店，宣传'在那里面，可以遇见鲁迅郁达夫'，不远在《语丝》上，我们就要订正。"

八月十六日　郁达夫在《北新半月刊》第 2 卷第 19 号发表《对于社会的态度》，文中针对《文化批判》创刊号上发表的《艺术与社会生活》（冯乃超作），又一次回顾了他与创造社发生分歧的经过，并对创造社一些成员误解和指责鲁迅提出批评，认为"鲁迅是中国作家中的第一人"，明确表示自己站在鲁迅这一边。

八月廿日　《奔流》第 1 卷第 3 期（易卜生诞生一百年纪念增刊）出版，鲁迅在《编校后记》中认为该期上发表的郁达夫译《伊孛生论》对易卜生的生平和著作"叙述得更详明"。

八月廿一日　本月中旬因国民党当局放出空气说将对郁达夫采取行动，郁达夫被迫去吴淞暂避。回沪后即于本日上午访鲁迅，本日鲁迅日记记云："达夫映霞自吴淞来，赠打粟干一把。"

八月廿四日　鲁迅得郁达夫信并《讨钱称臣考》稿，系李小峰转寄。

八月廿六日　下午郁达夫访鲁迅，预付鲁迅在即将创刊的《大众文艺》上发表的《贵家妇女》一文的稿费十元。

八月卅一日　上午郁达夫访鲁迅。

本月　郁达夫受鲁迅之托，为安排寄寓在鲁迅家的广东青年廖立峨的工作而与现代书局接洽，后因廖离去而作罢。

九月三日　郁达夫在《语丝》第4卷第36期发表《讨钱称臣考》，文中针对创造社某些人对他和鲁迅的错误指责，引用了鲁迅在《我的态度气和年纪》中所说的"小资产阶级或有产阶级臣鲁迅诚惶诚恐谨呈革命的印贴利更追亚老爷麾下"，并用讽刺的笔调指出："今又有郁达夫的向鲁迅称臣，或者鲁迅是称臣被纳，而带有'革命的印贴利更追亚老爷麾下'之阔号了，也未可知。"

九月廿日　郁达夫主编的《大众文艺》创刊，郁达夫在《〈大众文艺〉释名》中说："文艺是大众的，文艺是为大众的，文艺也须是关于大众的。"该刊从筹备起就得到鲁迅的全力支持，鲁迅在创刊号上发表了翻译小说《贵家妇女》（俄国淑雪兼珂作），郁达夫在《编辑余谈》中对鲁迅惠稿"表示诚恳的谢意"。

同日　《奔流》第1卷第4期出版，郁达夫在该期上发表随笔《灯蛾埋葬之夜》。

九月廿一日　上午郁达夫访鲁迅。

十月一日　下午郁达夫带《大众文艺》另一编者夏莱蒂同访鲁迅。

十月十四日　上午郁达夫访鲁迅。

十月廿日　郁达夫主编的《大众文艺》第1卷第2期出

版，鲁迅在该期上发表翻译小说《食人人种的话》（法国腓立普作）。

十月廿六日　上午郁达夫访鲁迅。

十月卅一日　下午郁达夫访鲁迅。

十一月二日　晚郁达夫访鲁迅。

十一月七日　晚郁达夫访鲁迅，交鲁迅《食人人种的话》稿费四十元。

十一月十一日　郁达夫和鲁迅应邀出席内山完造为欢迎来华访问的日本社会评论家长谷川如是闲在川久料理店举行的晚宴。

十一月廿日　郁达夫主编的《大众文艺》第1卷第3期出版，鲁迅在该期上发表翻译小说《农夫》（苏联雅各武莱夫作），并在《译后附记》中谈到创造社的"非人道主义"时说："曾经有旁观者，说郁达夫喜欢在译文尾巴上骂人，我这回似乎也犯了这病，又开罪于'革命文学'家了。"

十一月廿二日　下午郁达夫访鲁迅。

十一月廿九日　本月下旬郁达夫去苏州、无锡和扬州，本日鲁迅"得达夫信片"。

十一月卅日　《奔流》第1卷第6期出版，郁达夫在该期上发表翻译小说《盖默尔斯呵护村》（德国 Fr.Gerstaecker 作）。

十二月六日　郁达夫返沪后于本日下午访鲁迅。

十二月十一日　下午郁达夫访鲁迅。

十二月十二日　鲁迅得郁达夫信。

十二月十三日　鲁迅复郁达夫信。

十二月十四日　下午郁达夫访鲁迅。

十二月廿日　郁达夫主编的《大众文艺》第1卷第4期出版，鲁迅在该期上发表翻译小说《果树园》（苏联费定作）。

十二月廿一日　鲁迅邀日本小说家前田河广一郎、内山完造和郁达夫在中有天晚宴。

十二月廿八日　下午郁达夫访鲁迅。

十二月卅日　《奔流》第1卷第7期（托尔斯泰诞生百年纪念增刊）出版，郁达夫在该期上发表所译高尔基的《托尔斯泰回忆杂记》，鲁迅在《编校后记》中称该期发表的译作中"首先当然要推 Gorky 的《回忆杂记》"，并根据郁达夫的意见，把《回忆杂记》美国译本中错印的涅克拉索夫英译名作了纠正。

一九二九年（己巳　民国十八年）

一月六日　下午郁达夫访鲁迅。

一月十六日　下午郁达夫访鲁迅。

一月廿日　《大众文艺》第1卷第5期出版，开始连载鲁迅所译苏联雅各武莱夫的中篇小说《十月》第一至三节（第六期载完）。鲁迅后来在《〈十月〉后记》中说："达夫先生去年编《大众文艺》，征集稿件，便译了几章，登在那上面，后来他中止编辑，我也就中止翻译了。"

同时，郁达夫在《编辑余谈》中把鲁迅和但丁、歌德、易卜生、雨果、托尔斯泰等世界著名作家并提，并对那些专想打倒别人的"作家"表示强烈不满，他指出："我们要打倒 Dante、Goethe、Schiller、Ibsen、Hugo、Tolstoi、Turgenev、Dostoevsky，乃至鲁迅，都可以的，不过我想总要先做出一点比上列诸人的作品更伟大的作品来才行。"

一月廿四日　下午郁达夫访鲁迅。

一月廿五日　晚郁达夫访鲁迅，同日《鲁迅日记》记云："夜达夫来约饮。"

一月廿六日　鲁迅夫妇应邀出席郁达夫夫妇在陶乐春举行的午宴，同席有日本小说家前田河广一郎、画家秋田义一、诗人金子光晴及其夫人森三千代和林语堂夫妇。

一月卅日　下午郁达夫访鲁迅。

一月卅一日　下午郁达夫访鲁迅，同日《鲁迅日记》记云："达夫来并转交森三千代诗集一本，赠粽子十枚。"

二月六日　鲁迅致函郁达夫。

二月八日　下午郁达夫访鲁迅。

二月廿日　下午郁达夫访鲁迅。

本月底　《奔流》第 1 卷第 9 期出版，郁达夫在该期发表翻译小说《浮浪者》（爱尔兰奥弗拉赫德作）和《通信》。

本月　鲁迅编辑的最后一期《语丝》（第 4 卷第 52 期）出版，郁达夫在该期上发表了《关于文艺作品的派的订正》。

三月一日　上午郁达夫访鲁迅，未见，留为《奔流》而译的《一位纽英格兰的尼姑》小说稿而去。晚郁达夫和王映霞再访鲁迅。

三月九日　鲁迅致函郁达夫。

三月十日　下午郁达夫访鲁迅。

三月十七日　郁达夫夫妇和鲁迅夫妇应邀出席李小峰夫妇在陶乐春举行的晚宴，同席还有林语堂、柔石、石民、杨骚、汪馥泉、王方仁和周建人等。

三月廿二日　晚郁达夫访鲁迅。

三月廿六日　下午郁达夫访鲁迅。

三月廿九日　鲁迅致函郁达夫。

四月一日　晚郁达夫和陶晶孙访鲁迅。《大众文艺》自第2卷第1期起由陶晶孙接编，郁达夫将陶介绍给鲁迅。

四月十日　鲁迅致函郁达夫。

四月十一日　晚郁达夫访鲁迅。

四月十七日　晚郁达夫访鲁迅，并交鲁迅译《十月》（俄国雅各武莱夫作，载《大众文艺》第1卷第6期）稿费四十元。

四月廿八日　晚郁达夫访鲁迅。

四月卅日　《奔流》第1卷第10期出版，鲁迅在《编校后记》中发表了韦素园对郁达夫译《托尔斯泰回忆杂记》提出意见的来信，信中并说高尔基一九〇五年三月五日致托尔斯泰的一封未寄的信"比杂记写得还要好"。为此，鲁迅在《编校后记》中对郁达夫提出了恳切的希望："说到那一封信，我的运动达夫先生一并译出，实在也不只一次了。有几回，是诱以甘言，说快点译出来，可以好好的合印一本书，上加好看的图像;有一回,是特地将读者称赞译文的来信寄去,给看看读书界的期望是怎样地热心。见面时候谈起来,倒也并不如那跋文所说,暂且不译了,但至今似乎也终于没有动手,这真是无可如何。现在索性将这情形公表出来,算是又一回猛烈的'恶毒'的催逼。"

五月十一日　下午郁达夫访鲁迅。

五月廿日　《奔流》第2卷第1期出版,郁达夫在该期上发表翻译小说《一位纽英格兰的尼姑》(美国玛丽·味儿根斯作)。

六月八日　下午郁达夫访鲁迅。

六月十一日　鲁迅将文学青年周阆风来信转寄郁达夫。

六月十九日　内山完造为邀请鲁迅和郁达夫出席次日在陶乐春举行的晚宴致函鲁迅,鲁迅即将来信转寄郁达夫,后郁达夫因故未至。

七月六日　鲁迅得郁达夫信。

七月七日　晚郁达夫访鲁迅。

七月十一日　晚郁达夫访鲁迅。

八月八日　郁达夫游览宁波、普陀等地返沪后,于本日晚访鲁迅,"谈至夜半"。

八月十七日　鲁迅致函正在杭州小住的郁达夫,因北新书局长期拖欠鲁迅巨额版税和《奔流》作者稿费,鲁迅拟停编《奔流》,并向北新书局提出法律诉讼,当在信中通知了郁达夫。同日晚鲁迅得郁达夫信。

八月十八日　鲁迅复郁达夫信。

八月廿日　鲁迅得郁达夫信。

八月廿一日　鲁迅再次致函郁达夫。

在这几日频繁往返的信件中，鲁迅和郁达夫继续讨论北新书局版税事。

八月廿二日　鲁迅和郁达夫同在《追悼陶元庆氏启事》上签名，《启事》高度评价陶元庆的美术作品，认为"他用新的形，尤其是新的色，写出他自己底世界，却仍含着浓厚的民族性"，他的作品"特具一风格，新创一画派，早在艺术界放一异彩"。

八月廿三日　晚郁达夫应李小峰电请自杭州赶回上海访问鲁迅，调解北新书局版税事。郁达夫向鲁迅提出在诉诸法律解决前，双方再协商一次，北新书局愿意接受鲁迅的要求。鲁迅表示同意。

八月廿四日　鲁迅致函章廷谦，信中说："这晚（指廿三日——编者注）达夫正从杭州来，提出再商量一次，离我的正式开玩笑只一天，我已答应了，由律师指定日期开议。"

八月廿五日　下午鲁迅由郁达夫陪同与李小峰、李志云在律师寓所开会商议北新书局版税事，双方就北新书局陆续偿还拖欠版税、按期支付《奔流》作者稿费、鲁迅作价收回旧著纸版等事达成协议。

八月廿七日　下午郁达夫访鲁迅。同日《鲁迅日记》记云："达夫来，并交厦门文艺书社信及所赠《高蹈会紫叶会联合图录》一本，先寄在现代书局，匿而不出，今乃被夏莱蒂搜得者。"

八月廿八日　下午郁达夫访鲁迅，并为鲁迅向北新书局作价收回旧著纸版作证。同日《鲁迅日记》记云："下午达夫来。……小峰来，并送来纸版，由达夫、矛尘作证，计算收回费用五百四十八元五角。"

同日　晚郁达夫夫妇和鲁迅夫妇共同出席李小峰在南云楼举行的晚宴，同席还有林语堂夫妇、杨骚、章衣萍和吴曙天。席间，鲁迅和林语堂就原北新书局编辑、春野书店创办人张友松与北新书局的关系和北新书局拖欠鲁迅版税两事发生争论，郁达夫进行了调解。同日《鲁迅日记》记云："席将终，林语堂语含讥刺，直斥之，彼亦争持，鄙相悉现。"当月林语堂日记记云："本月与鲁迅吵架，很有趣。此人已成神经病。"林语堂后来回忆此事时又说：在宴席上，鲁迅"是多心，我是无猜，两人对视象一对雄鸡一样，对了足足一两分钟。幸亏郁达夫作和事佬，……这样一场小风波，也就安然渡过了。"

九月八日　郁达夫在本日日记中记云："八月十二日去杭州，打算做《蜃楼》不成，至二十后，又因北新与鲁迅清算版税事冲突，回沪来为两者调解，迄今二十多天，一点儿事情也不做。"

同日　鲁迅致函郁达夫，信中谈北新书局支付《奔流》稿费事及为《奔流》翻译专号约稿。

九月十日　下午郁达夫访鲁迅。

九月十一日　鲁迅得郁达夫信，即复，讨论翻译德国作家路德维希·蒂克（Ludwig Tieek）作品事，后未果。下午鲁迅去内山书店，又遇见郁达夫和日本中国文学研究者辛岛骁，三人就"中国新文艺的事情，与谈了一个钟头"。

九月十五日　晚郁达夫访鲁迅。

九月十九日　郁达夫致函周作人，信中说："近事之足资谈助者，是鲁迅与北新算版税，与鲁迅和语堂反目两事，前者是鲁迅应有的要求，后者是出于鲁迅的误解。这两事，我与川岛都在场作中间人，大约川岛总已经和你讲过，细事不说了。"

同日　晚郁达夫访鲁迅。

九月廿五日　下午郁达夫因应聘去安庆安徽大学文科任教，向鲁迅辞行。

十月二日　鲁迅得郁达夫九月卅日安庆来函，当日晚即复，通报北新书局支付版税和交换对新出刊物的意见。

十月十日　郁达夫到安徽大学后不及半月，因国民党安徽省教育厅长程天放将他列入赤化分子名单欲图加害，只得被迫返沪，于本日下午访鲁迅，鲁迅"赠以佳酿酒一小瓶"。

十月十五日　下午郁达夫访鲁迅。

十月廿一日　鲁迅致函郁达夫。

十月廿九日　下午郁达夫访鲁迅。

十一月八日　鲁迅致函章廷谦，信中说："我和达夫则生活，实在并不行，我忙得几乎没有自己的工夫，达夫似乎也不宽裕,上月往安徽去教书,不到两星期,因为战事,又逃回来了。"

十一月十三日　鲁迅致函郁达夫。

十一月十五日　下午郁达夫偕陶晶孙、张凤举同访鲁迅。晚,鲁迅得郁达夫复信。

十一月十七日　下午郁达夫访鲁迅。

十一月廿六日　下午郁达夫访鲁迅。

十二月廿日　《奔流》第2卷第5期出版,郁达夫在该期上发表了翻译小说《一个败残的废人》(芬兰阿河作)和论文《阿河的艺术》(德国普本白耳格作),鲁迅在《编辑后记》中说:《阿河的艺术》是"很好的论文","达夫先生译这篇时,当面和通信里,都有些不平,连在本文的附记上,也还留着'怨声载道'的痕迹,这苦楚我很明白,也很抱歉的,因为当初原想自己来译,后来觉得麻烦,便推给他了,一面也预料他会'好,好,可以,可以'的担当去。虽然这种方法,很象'革命文学家'的自己浸在温泉里,却叫别人去革命一样,然而……倘若还要做几天编辑,这些'政策',且留着不说破它罢。"

由于北新书局兴趣转移,鲁迅和郁达夫合编的《奔流》出至本期停刊。

一九三〇年(庚午　民国十九年)

一月四日　鲁迅出席郁达夫在川味饭店举行的晚宴,同席有日本汉学家今关天彭和内山完造等人。

一月五日　下午郁达夫夫妇访鲁迅。

一月九日　鲁迅与许广平"以绒衫及围领各一事送赠达夫、映霞，贺其得子"。鲁迅夫妇同日致郁达夫夫妇信中说："我们消息实在太不灵通，待到知道了令郎的诞生，已经在四十多天之后了。然而祝意是还想表表的，奉上粗品两种，算是补祝弥月的菲敬，务乞哂收为幸。"

一月十五日　下午郁达夫冒雨访鲁迅，向鲁迅表示感谢。

一月廿六日　下午郁达夫访鲁迅，赠以《达夫代表作》改版本（现代书局版）。

二月四日　郁达夫介绍东吴大学学生王佐才访鲁迅。

二月十三日　由郁达夫和鲁迅参与发起的中国自由运动大同盟成立。《中国自由运动大同盟宣言》发表时，签名人由郁达夫领衔，鲁迅名列第二。《宣言》中说："我们处在现在统治之下，竟无丝毫自由之可言！……我们组织自由运动大同盟，坚决为自由而斗争，感受不自由痛苦的人们团结起来，团结到自由运动大同盟旗帜之下来共同奋斗！"

同盟成立后，鲁迅和郁达夫曾先后到一些高校演讲，抨击国民党当局对进步文艺的摧残，号召人们为争取言论、出版自由而斗争。

二月二十日　晚郁达夫访鲁迅，本日《鲁迅日记》记云："晚达夫来，赠以越酒二瓶。"本日郁达夫日记记云："午后访鲁迅氏，谈到了夜。"

本月 鲁迅参加中国左翼作家联盟的筹备工作,当他得知发起人名单中没有郁达夫名字时,提出应该把郁达夫补入。夏衍后来回忆此事时说:"记得当时鲁迅指着发起人名单,说郁达夫是创造社的人,为啥不参加?冯乃超回答:他当时很消沉。鲁迅说:郁达夫还是一个爱国的进步的作家,应该作为发起人之一。我和冯都同意了。"

三月二日 中国左翼作家联盟在上海中华艺术大学正式成立,鲁迅和郁达夫均为发起人之一。鲁迅出席成立大会,并作了《对于左翼作家联盟的意见》的著名演讲。

三月三日 下午郁达夫冒雨访鲁迅,鲁迅当向郁达夫介绍了左联成立大会的情况。

三月十九日 因发起组织中国自由运动大同盟,国民党浙江省党部呈请伪中央通缉"堕落文人"鲁迅和郁达夫等人,鲁迅于本日离寓暂避,郁达夫也被迫居家,"不敢出去。"

三月廿一日 鲁迅致函章廷谦,信中说:"自由运动大同盟,确有这个东西,也列有我的名字,原是在下面的,不知怎地,印成传单时,却升为第二名了(第一是达夫)。"又说:"达夫本有北上之说(指应聘去北京大学任教——编者注),但现在看来,怕未必。一者他正在医痔疮,二者北局又有变化,大约薪水未必稳妥,他总不肯去喝风的。所以,大约不去总有十层之八九。自由同盟上的一个名字,也许可以算是原因之三罢。"

四月十七日 下午郁达夫夫妇访鲁迅。

四月二十日　鲁迅就购买日译本《高尔基全集》事致函郁达夫，信中并建议说："将此集翻入中国，也是一件事情。最好是一年中先出十本。此十本中，我知道已有两种（四及五）有人在译，如先生及我各肯认翻两本，在我想必有书坊乐于承印也。"

五月廿一日　郁达夫致函周作人，信中说："沪上文学家，百鬼夜行，无恶不作，弟与鲁迅空被利用了一场，倒受了一层无形的损失。"

五月廿四日　鲁迅致函章廷谦，信中在提到国民党当局企图逮捕自由运动大同盟发起人时说："捉人之说，曾经有之，避者确不止达夫一人，但此事似亦不过有些人所想望，而未曾实行。"

六月十三日　下午郁达夫夫妇访鲁迅，同日郁达夫日记记云："访鲁迅，谈到了夜，冒大雨回来。"

六月十五日　郁达夫和鲁迅共同出席内山完造在觉林举行的晚宴，同席还有日本新闻工作者室伏高信、太田宇之助，日本中国文学研究者山县初男、藤井元一和高久肇、郑伯奇等人。

六月廿三日　郁达夫致函周作人，信中在揭露无聊文人史济行借普罗以营私的丑行后，接着说："鲁迅先生，近来被普罗包围得厉害，大约日后总也得尝尝这一种斗争的苦味。"

七月十五日　上午郁达夫访鲁迅。

七月廿二日　晚郁达夫夫妇访鲁迅。

八月六日　郁达夫和鲁迅应内山完造之邀，共同出席上海漫谈会在功德林举行的晚宴，并合影留念。

八月八日　晚郁达夫夫妇访鲁迅。

八月廿六日　上午郁达夫访鲁迅。

八月三十日　鲁迅托内山书店寄赠郁达夫自己编辑的《戈理基文录》。

九月十八日　上午郁达夫访鲁迅。

九月卅日　鲁迅得郁达夫信。

十月九日　上午郁达夫访鲁迅。

十一月廿八日　上午郁达夫访鲁迅。

本月　郁达夫致函左联负责人，表示由于自己不适合做实际工作，今后不能参加左联的会议和活动。为此，在本月十六日举行的左联第四次全体大会上作出了"肃清一切投机和反动分子——并当场表决开除郁达夫"的决定。鲁迅得知此事后，不同意左联的决定，认为人手多一个，好一个。

一九三一年（辛未　民国二十年）

一月廿三日　柔石等五位左联青年作家本月十七日被国民党当局逮捕，当时盛传鲁迅也已被捕，鲁迅为此于本月二十日避居花园庄旅馆，并在本日致李小峰信中说："倘见达夫先生，并乞传语平安为托。"

鲁迅和郁达夫都参与了营救柔石等五位左联青年作家的活动。不久，郁达夫也受到国民党当局的威胁而离沪，他后来在《钓台的春昼》中回忆说:"一九三一年,岁在辛未,暮春三月,春服未成,而中央党帝,似乎又想玩一个秦始皇所玩过的把戏了,我接到了警告,就仓皇离去了寓居。"

六月二日　上午郁达夫访鲁迅。

同日　郁达夫和鲁迅共同出席内山完造为欢迎日本女作家柳原烨子(笔名白莲)及其丈夫宫崎龙介来沪而在功德林举行的晚宴,同席还有日本中国文学研究者增田涉和女歌人山本初枝等人。席间,鲁迅和郁达夫严厉谴责国民党当局的政策。

八月卅一日　下午郁达夫夫妇访鲁迅。

九月十五日　下午郁达夫访鲁迅。

九月廿八日　因日本发动九·一八事变,鲁迅和郁达夫同在本日《文艺新闻》上发表答记者问,鲁迅认为这一方面是日本在"'膺惩'中国民众",另一方面"是进攻苏联的开头";郁达夫认为"这是国内军阀间的阴谋,乃利用外国的武力,以遂消灭异己的政策。"

一九三二年(壬申　民国廿一年)

一月廿日　左联机关刊物《北斗》第2卷第1期出版,郁达夫和鲁迅共同在该期上撰文参加"创作不振之原因及其出路"的讨论。鲁迅扼要地叙述了自己从事创作的八点体会,郁达夫在分析了社会动荡混乱和阶级压迫太甚是导致创作不振的原因之后,又引用了鲁迅的话:'从革命文学到遵命文学'这是鲁迅的话,将来若有新文学起来,怕就是亡命文学。"

一月三十日　日本发动"一二八"侵沪战争后，鲁迅因住所"终日在枪炮声中"，于本日避居内山书店。

二月三日　郁达夫在《申报》临时专刊"脱险与失踪"栏内以"冯式文"之名刊登寻找鲁迅的启事，表达了对鲁迅安全的担忧和关切。

二月四日　下午鲁迅携家避居设在四川中路铃木洋行内的内山书店支店，郁达夫和鲁迅在该店会面。

同日　鲁迅、郁达夫等签名的《上海文艺界人士告世界书》发表，《告世界书》强烈谴责日本发动"一二八"战争，说："我们坚决反对帝国主义瓜分中国的战争，反对加于中国民众反日反帝斗争的任何压迫，反对中国政府的对日妥协，以及压迫革命的民众。"并号召全世界无产阶级和进步作家"立即起来运用全力，援助中国被压迫民众，……反对瓜分中国的战争，保护中国革命！"

二月廿五日　下午鲁迅和周建人访郁达夫，感谢郁达夫在"一二八"战争期间对他们两家的关心。

二月廿九日　下午郁达夫访避难中的鲁迅，"并赠干鱼，风鸡，腊鸭。"

三月三日　下午郁达夫夫妇访鲁迅。

三月七日　下午郁达夫夫妇访鲁迅。

三月十五日　鲁迅致函郁达夫，当通知他自己即将结束避难生活回寓。

五月十七日　下午郁达夫夫妇访鲁迅，并赠以中篇小说

《她是一个弱女子》。

五月廿二日　鲁迅致函增田涉，向增田涉推荐郁达夫的小说《二诗人》，建议增田涉将其编入《世界幽默全集》第十二卷《中国篇》，信中说："郁达夫、张天翼两君之作，我特为选入。近代的作品，只选我的，似觉寂寞。"又说："《二诗人》中有很多挖苦人的话，但我觉得有点'幽默'。"

七月十日　郁达夫发起部分著作家茶话会，鲁迅应邀出席，与会者还有柳亚子、茅盾、田汉、丁玲、洪深等人。会间讨论了营救正在狱中绝食的泛太平洋产业同盟上海办事处秘书牛兰夫妇，会后致电国民党当局，要求"立即释放"牛兰夫妇，"以重人道"。

七月十二日　上午鲁迅访郁达夫。

七月十六日　鲁迅致函郁达夫，请郁达夫解答增田涉在翻译《二诗人》时遇到的一些疑难问题。

七月十八日　鲁迅得郁达夫复信，即转告增田涉。

十月二日　上午郁达夫访鲁迅，鲁迅赠以《铁流》《毁灭》《三闲集》。

十月五日　郁达夫为其兄郁华从北平调任上海江苏高等法院第二分院刑庭庭长在聚丰园举行晚宴，鲁迅应邀出席，同席还有柳亚子夫妇和林徽音等人。席间郁达夫关心地询问鲁迅："你这几天来辛苦了吧？"鲁迅口占日前想到的联语"横眉冷对千夫指，俯首甘为孺子牛"作答，郁达夫戏谑鲁迅交了华盖运，鲁迅因此又"偷得半联，凑成一律"，即著名的七律

《自嘲》。

十二月一日　郁达夫的短篇小说《迟桂花》在《现代》第2卷第2期发表。鲁迅和茅盾一九三四年指导和帮助美国友人伊罗生编选中国现代短篇小说集《草鞋脚》时，特别选入此篇。

十二月十五日　郁达夫和鲁迅签名的《中国著作家为中苏复交致苏联电》发表，电文说："苏联的社会主义文化的建立和发展是人类空前的大事业"，"在庆贺中苏两国人民从此更增进友谊这当儿，从事文化工作的我们更热烈地盼望中苏两国的作家以及一切文化工作者在反对帝国主义文化的战线上亲密地携手！"

十二月三十日　下午郁达夫访鲁迅，请鲁迅为《申报·自由谈》撰稿。鲁迅后来在《伪自由书·前记》中说："大约是去年的年底罢，偶然遇见郁达夫先生，他告诉我说，《自由谈》的编辑新换了黎烈文先生了，但他才从法国回来，人地生疏，怕一时集不起稿子，要我去投几回稿。我就漫应之曰：那是可以的。对于达夫先生的嘱咐，我是常常'漫应之曰：那是可以的'的。直白的说罢，我一向很回避创造社里的人物。这也不只因为历来特别的攻击我，甚而至于施行人身攻击的缘故，大半倒在他们的一副'创造'脸。虽然他们之中，后来有的化为隐士，有的化为富翁，有的化为实践的革命者，有的也化为奸细，而在'创造'这一面大纛之下的时候，却总是神气十足，好象连出汗打嚏，也全是'创造'似的。我和达夫先生见面得最早，脸上也看不出那么一种创造气，所以相遇之际，就随便谈谈；对于文学的意见，我们恐怕是不能一致的罢，然而所谈的大抵是空话。但这样的就熟识了，我有时要求他写一篇文章，他一定如约寄来，则他希望我做一点东西，我当然应该漫应曰可以。"郁达夫一九三七年元旦在厦门时也对郑子瑜等人说："黎烈文编《申报·自由谈》，托我代向鲁迅拉稿，后来鲁迅化了数十个笔名，在《自由谈》上发表了挺多的'花边'短文，都是我一拉的结果。"黎烈文一九四七年在《关于郁达夫》中也说："鲁迅先生向《自由谈》投稿，也是郁达夫先生介绍的。记得有一天他送稿子给我，因为听到我说好的稿子很少，刊物不易编得出色，他便问我要不要鲁迅先生的稿子，如果要的话，他可以替我去拉。当时我是异常忠于自己的职务，想把刊物编得活泼有生气，各方面的佳作都一律欢迎，对于在文坛素负盛名的鲁迅先生的稿子自无例外，于是在我的肯定的回答之后，达夫先生不久果然拉来了鲁迅先生的稿子。"

十二月三十一日　鲁迅应郁达夫之请，为他书写《无题》（洞庭浩荡楚天高）和《答客诮》诗各一幅，现均存。《答客诮》诗系与杨村人的《鲁迅大开汤饼会》一文有关，杨村人在文中造谣鲁迅为海婴周岁举行"汤饼会"，引起到会的郁达夫的伤感，鲁迅此诗幽默而又形象地批驳了杨村人。

一九三三年（癸酉　民国廿二年）

一月七日　鲁迅得郁达夫信。

一月十日　鲁迅寄郁达夫《无题》和《答客诮》两幅诗幅并信，信中说："附奉笺纸两幅，希为写自作诗一幅，其一幅则乞于便中代请亚子先生为写一篇诗，置先生处，他日当走领也。"

一月十七日　宋庆龄、蔡元培、杨杏佛等发起组织的中国民权保障同盟成立上海分会，鲁迅被选为分会执行委员。不久，郁达夫也加入同盟。

一月十九日　下午郁达夫访鲁迅，本日《鲁迅日记》记云："下午达夫来，并交诗笺二，其一为柳亚子所写。"郁达夫书赠鲁迅的这首七绝曰："醉眼朦胧上酒楼，彷徨呐喊两悠悠。群盲竭尽蚍蜉力，不废江河万古流。"用风趣的笔调，高度赞扬鲁迅，现存。

一月廿五日　鲁迅寄郁达夫信和杂文《"逃"的合理化》《观斗》，两文后由郁达夫转交黎烈文，分别载一月三十日和三十一日《申报·自由谈》。

自此之后一年多的时间里，鲁迅和郁达夫互相配合，在《申报·自由谈》上发表了大量杂文，反对德日法西斯，抨击国民党当局对内实行军事"围剿"和文化"围剿"的政策。

二月三日　鲁迅寄郁达夫杂文《航空救国》和《崇实》两文，后由郁达夫转交黎烈文，分别载二月五日和六日《申报·自由谈》。

二月八日　鲁迅寄郁达夫杂文《不通两种》和《电的利弊》，后由郁达夫转交黎烈文，分别载二月十一日和十六日

《申报·自由谈》。

　　同日　下午鲁迅访郁达夫，未遇。

　　二月九日　晚郁达夫回访鲁迅。

　　二月十四日　郁达夫在《申报·自由谈》发表《非法与非非法》，驳斥国民党当局诬蔑民权保障同盟为"非法团体"。

　　二月十五日　鲁迅得郁达夫信。

　　二月廿三日　鲁迅和瞿秋白为英国文学家萧伯纳到沪访问编选《萧伯纳在上海》一书，拟收录郁达夫的《萧伯纳与高尔斯华绥》，鲁迅本日致函黎烈文说："《自由谈》未出萧伯纳专号之前，尚有达夫先生所作关于萧者一篇，近拟转录，而遍觅不得。不知先生尚藏有此日之旧报或原稿否？倘能见借一抄，感甚。"

　　本月　作家小林多喜二惨遭日本法西斯当局杀害，鲁迅作《闻小林同志之死》（载本年日本《无产阶级文学》第4、5期合刊）表示沉痛哀悼，郁达夫也作了《为小林的被害檄本警视厅》（载本年五月《现代》第3卷第1期)，抗议日本法西斯当局的暴行。

　　三月一日　下午郁达夫访鲁迅，未遇。

　　三月九日　郁达夫和鲁迅共同出席天马书店在致美楼举行的晚宴，同席还有茅盾、冯雪峰、丁玲、洪深、阳翰笙、沈起予、楼适夷等人。席间郁达夫和鲁迅谈论了鲁迅在北平的五次演讲，并对批评梁实秋、杨村人、张若谷等交换了看法。

三月十八日　下午郁达夫和鲁迅共同出席民权保障同盟上海分会在八仙桥青年会举行的会员大会，郁达夫在会上被选为上海分会执行委员。

三月廿二日　下午郁达夫往内山书店与鲁迅会面，并交以黎烈文的邀宴信。

三月廿四日　鲁迅和瞿秋白编选的《萧伯纳在上海》由野草书屋出版，书中收录了郁达夫的《萧伯纳与高尔斯华绥》和《介绍萧伯纳》两文。

同日　郁达夫和鲁迅共同出席黎烈文在聚丰园举行的晚宴，同席还有胡愈之、茅盾和杨幸之。

四月三日　下午郁达夫访鲁迅，赠以《达夫自选集》，并当向鲁迅介绍了当日民权保障同盟全国执行委员会和上海分会举行联席会议研究营救共产党员廖承志、罗登贤等人的情况。

四月六日　郁达夫和鲁迅共同出席郑振铎在会宾楼举行的晚宴，同席还有茅盾、叶圣陶、陈望道、胡愈之、洪深、夏丏尊、傅东华、谢六逸、徐调孚、周建人、黄源等人。席间讨论并决定出版大型文学月刊《文学》。

四月廿二日　鲁迅为了将文学青年姚克介绍给上海文艺界，在知味观举行晚宴，郁达夫应邀出席，同席还有茅盾、丁玲、楼适夷、黎烈文等人。

四月廿三日　上午郁达夫访鲁迅，为即将移居杭州向鲁迅告别，同日《鲁迅日记》记云："上午达夫来，未见，留字而去。"

同日　晚《现代妇女》编者黄振球持郁达夫介绍信访鲁迅，未遇。

四月廿五日　郁达夫举家移居杭州。

五月四日　郁达夫在《申报·自由谈》上发表《移家琐记》，文中记录了他移家杭州的当晚通宵阅读鲁迅刚出版的《两地书》后的感受，认为"这一部两人的私记里，看出了许多许多平时不容易看到的社会黑暗面来。至如鲁迅先生的诙谐愤俗的气批，许女士的诚实庄严的风度"，"当然更是味中有味，言外有情。"

五月十四日　左翼作家丁玲、潘梓年被国民党当局逮捕，郁达夫和鲁迅都积极参与了营救活动。

五月十五日　由郁达夫领衔、鲁迅签名的《为横死之小林遗族募捐启》发表，文中说："我著作界同人……现在听得了小林因为反对本国的军阀而遭毒手，想亦同深愤慨。小林故后遗族生活艰难，我们因此发起募捐慰恤小林君家族，表示中国著作界对小林君之敬意。"

五月十七日　下午郁达夫访鲁迅，未见。

五月十八日　鲁迅得郁达夫信。

六月二日　郁达夫和鲁迅同在《为林惠元惨案呼冤宣言》上签名，抗议国民党军队杀害福建龙溪抗日会常委林惠元。

六月十八日　民权保障同盟总干事杨杏佛被国民党当局暗杀，鲁迅闻讯后悲愤地写下了《悼杨铨》："岂有豪情似旧时,花开花落两由之。何期泪洒江南雨,又为斯民哭健儿。"郁达夫在杭州也作了《闻杨杏佛被害感书》:"风雨江城夏似春,闭门天许作闲人。恩牛怨李成何事,生死无由问伯仁。"

六月廿七日　下午郁达夫和夏莱蒂访鲁迅。

六月廿八日　鲁迅应郁达夫之请,为黄萍荪书写《无题》("禹域多飞将")诗一幅,为陶轩书写《悼丁君》诗一幅。

本月　郁达夫在杭州家中接待来访的青年作者钟敬文等人时说:鲁迅"始终是一个好人,无论人家怎样地误解他!"

七月一日　大型文学月刊《文学》创刊,郁达夫任编辑委员,鲁迅虽不列入编委会名单,但也是"同人之一",是该刊的积极赞助和支持者。

八月十六日　鲁迅和郁达夫共同签名的《中国著作家欢迎巴比塞代表团启事》发表,对即将在上海召开的世界反帝大同盟远东反帝反战会议"极端表示拥护"。

八月廿一日　因八月一日出版的《文学》第2号刊出伍实(傅东华)攻击鲁迅的《休士在中国》,鲁迅写信声明退出文学社,郁达夫应文学社之请,专程由杭来沪进行调解,于本日晚走访鲁迅,转达文学社的歉意。

本月　鲁迅和郁达夫支持良友图书公司编辑出版比利时麦绥莱勒的木刻连环画,分别为其中的《一个人的受难》和《我的忏悔》两书作序。

九月八日　晚郁达夫夫妇访鲁迅。

九月廿九日　鲁迅得郁达夫信。

十一月六日　十月间，鲁迅在《申报·自由谈》上以"丰之余"的笔名接连撰文批评施蛰存提倡青年读《庄子》《文选》的主张，郁达夫在本日致杜衡的信中说："丰之余和蛰存的这一次笔战，真是意外的唇舌，大约也是 Jonrnalism（新闻学——编者注）上的一种作用，否则《自由谈》将不能每日热闹矣。"

十二月廿八日　鲁迅作《答杨村人先生公开信的公开信》，文中再次驳斥杨村人在《鲁迅大开汤饼会》中对他和郁达夫的造谣。

十二月廿九日　下午郁达夫夫妇访鲁迅，请鲁迅写字。

十二月卅日　鲁迅为王映霞书写七律《阻郁达夫移家杭州》诗幅四幅，诗曰："钱王登假仍如在，伍相随波不可寻。平楚日和憎健翮，小山香满蔽高岑。坟坛冷落将军岳，梅鹤凄凉处士林。何似举家游旷远，风波浩荡足行吟。"对郁达夫在国民党高压政策下，退出上海，携眷避居杭州提出恳切的规劝和忠告。一九三六年五月，郁达夫在杭州建成"风雨茅庐"，这四幅诗幅即悬挂在"风雨茅庐"客厅中。日本侵略者占杭州后散失。

同日　鲁迅还应郁达夫之请为黄振球书写《无题》（"烟水寻常事"）诗一幅。

一九三四年（甲戌　民国廿三年）

一月五日　下午郁达夫访鲁迅。

一月六日　郁达夫和鲁迅共同出席黎烈文在古益轩为《申报·自由谈》长期撰稿人举行的午宴，同席还有林语堂、曹聚仁、唐弢、徐懋庸、周木斋、陈子展等人。

　　五月一日　郁达夫撰文参加《春光》杂志发起的"中国为什么没有伟大的作品产生"的讨论，文中指出："在目下的中国作品之中，以时间的试炼来说，我以为鲁迅的《阿Q正传》是伟大的。"

　　五月十九日　下午郁达夫访鲁迅，鲁迅赠以《唐宋传奇集》和《南腔北调集》。

　　七月十四日　郁达夫本月六日携眷经上海去青岛等地旅游避暑，离沪前函告鲁迅。鲁迅于本日得郁达夫信并所赠散文集《屐痕处处》，因郁达夫侄女郁风学画，回赠《引玉集》。

　　八月　郁达夫夫妇在北京游览期间，曾走访西三条廿一号鲁迅故居。

　　九月十日　陈望道主编的《太白》半月刊于本月创刊，郁达夫任编辑委员，鲁迅为积极赞助和支持者。鲁迅本日致函郁达夫说："生活书店要出一种半月刊，大抵刊载小品，曾请客数次，当时定名《太白》，并推定编辑委员十一人，先生亦其一。时先生适在青岛，无法寄信，大家即托我见面时转达。今已秋凉，未能觌面，想必已径返杭州，故特驰书奉闻，诸希照察为幸。"

　　九月十二日　鲁迅得郁达夫答应担任《太白》编委的复信。

九月廿一日 郁达夫致函叶圣陶，信中说："茅盾鲁老等，已三月未见面，一住杭州，就成了乡下人，孤陋寡闻矣。"对鲁迅的想念溢于言表。

本年冬 从杭州来沪的郁达夫一天下午在内山书店与鲁迅会面，刘大杰也在场，三人交谈了杭州与上海文坛的情况，并就中国文学史上的若干问题展开了讨论。郁达夫认为"杜甫的律诗高于他的古体"，鲁迅则认为"杜甫的律诗，后人还可模拟，他的古体内容深厚，风力高昂，是不许人模拟的"。当谈到把杜甫与陶潜、李白比较时，鲁迅说："我总觉得陶潜站得稍稍远一点，李白站得稍稍高一点。"郁达夫对此表示赞同，并补充说："一个是旁观者清，一个是居高临下。"

一九三五年（乙亥　民国廿四年）

一月十日 郁达夫夫妇自杭州到沪，良友图书公司编辑赵家璧、郑伯奇和马国亮在味雅设午宴招待，鲁迅夫妇应邀出席。

三月廿一日 鲁迅得郁达夫信，信中介绍日本中国文学研究者目加田诚和小川环树访鲁迅。

三月卅日 当时盛传商务印书馆将重新出版"一二八"战争后停刊的《小说月报》，拟聘请郁达夫担任编辑。为此，鲁迅在本日致郑振铎信中说："商务的《小说月报》事，我看不过一种谣言（现在又无所闻了），达夫是未必肯干的，而且他和四角号码王公（指当时的商务印书馆总经理王云五——编者注），也一定合不来。"

四月卅日　上午郁达夫访鲁迅，鲁迅赠以《准风月谈》。

八月一日　郁达夫在《文学》第5卷第5号上发表《再谈日记》，文中说："一九二七年的夏天，在杭州养病，曾写过一篇名《日记文学》的杂文；其后鲁迅先生在广州写了一篇对此文而作的随感，说文学作品的写实与读者的幻灭，不限于作品的体裁，即在读日记时，其记载虚伪，读者也同样可以感到幻灭，此论极是。"虚心接受鲁迅在《怎么写（夜记之一）》中对他提出的批评。

八月二日　下午郁达夫访鲁迅，鲁迅赠以特制《引玉集》。

本月　郁达夫编选的《中国新文学大系·散文二集》由良友图书公司出版，书中共收鲁迅的散文和杂文廿四篇。郁达夫在该书《导言》中比较了鲁迅和周作人的经历、思想及散文创作，对鲁迅杂文的思想性和艺术性作了具体分析，并给予充分肯定。

十二月七日　郁达夫拜访鲁迅，他后来在《冬余日记》（载一九三六年一月十六日《宇宙风》第9期）中记载："晨七点起床，访家璧，访鲁讯。"

一九三六年（丙子　民国廿五年）

二月八日　杭州一青年作者致函鲁迅，不正确地指责郁达夫，并对鲁迅作《阻郁达夫移家杭州》诗和在家中接待郁达夫来访表示"不舒服"，说："我常想着：先生怎么会和他在一道儿的呢？"鲁迅不予答复。

八月一日　郁达夫在福州《文座》第 1 卷第 1 期发表《小说与好奇的心理》，文中指出"我们的鲁迅""到了高年，还会得做年青时候般的梦"，"鲁迅的《两地书》是四十以后的书简"，仍不失其赤子之心。

本月　在福州担任福建省政府参议的郁达夫得知鲁迅患病，曾特地到沪探望，并赠以《闲书》，鲁迅回赠珂罗版《凯绥·珂勒惠支版画选集》。鲁迅告诉郁达夫自己的"病状"，"想于秋天到日本去疗养"，郁达夫也"轻轻说到了同去岚山看红叶的事"。这是两人的最后一次见面。

九月六日　郁达夫在福州《小民报·新村》发表答问《我所喜爱的文艺读物》，其中第一本书就是鲁迅的散文诗《野草》。

十月十九日　晨五时廿五分，鲁迅在上海大陆新村寓所逝世，享年五十六岁。

同日　晚郁达夫在福州惊悉噩耗，即向许广平拍发唁电："乍闻鲁迅噩耗，未敢置信，万祈节哀。"

十月二十日　晨郁达夫搭乘靖安轮赶回上海参加鲁迅葬礼。

十月廿一日　郁达夫在返沪途中手书"鲁迅虽死，精神当与我中华民族永在。"

十月廿二日　上午郁达夫抵沪，中午赶到万国殡仪馆向鲁迅遗体告别，并亲自送葬至万国公墓。

郁达夫对鲁迅逝世极为悲痛，他在葬仪上对唐弢说："我当晚在报馆听到消息，第二天一早就下船，想不到两个月不见，就成为古人了。"还对日本友人日高清磨磋说：追悼会的规模是空前的。

葬仪以后，郁达夫又对《辛报》和《立报》记者发表了对鲁迅逝世的感想，他对《立报》记者说："鲁迅先生逝世的消息，是我将离福州来沪时知道的，当时我真不敢深信。"对《辛报》记者说："与一般人同样的感觉，鲁迅先生的死是可悲悼的，虽然鲁迅先生已是五十多岁的人，但他正有着一颗活跃的年青人的心；他还可以努力，假使他再活五年的话，他的成就，或者还不止此。"又说："当我在福州时，已在通信中约好，我和他一道到日本去。他预备在日本休养些时，谁知他却死了。"当记者问到"阿Q在中国是活着还是已死了"时，郁达夫认为：阿Q在中国农村里依旧活着，依旧生长着，但在大的城市里究竟少了。

十月廿四日　郁达夫为《文学》月刊作《怀鲁迅》，沉痛悼念鲁迅逝世，强调"没有伟大的人物出现的民族，是世界上最可怜的生物之群；有了伟大的人物，而不知拥护，爱戴，崇仰的国家，是没有希望的奴隶之邦。"

十一月中旬　郁达夫赴日本，到东京后参加了改造社为筹备出版日译本《大鲁迅全集》而举行的编辑工作会议，积极协助改造社进行这项工作。

十一月廿九日　郁达夫在东京《读卖新闻》上发表《今日的中华文学》，十二月一日续刊。他在文中对"国防文学"

和鲁迅提出的"民族革命战争的大众文学"的两个口号论争发表了自己的看法，并向日本读者简明扼要地介绍了鲁迅晚年的重大贡献。

同日　厦门文艺青年举行盛大的鲁迅先生纪念会，会后国民党厦门市党部呈报福建省政府，准备秘密逮捕大会组织者。郁达夫得讯后立即设法营救，使国民党厦门市党部未能得逞。

十二月廿一日　日本《东京帝大新闻》发表郁达夫的《中国诗坛的现状》，文中认为鲁迅等新文学作家写作旧诗是因为国民党当局"不准任意吐露种种意见"，所以"暂次倾向借旧诗来做表现工具"，是"利用旧诗的形式，来吐露新的思想"。

十二月廿三日　郁达夫自日本返回福州途中到台湾停留，本日参加台北新民报社举行的文学座谈会，在谈话中对鲁迅作了崇高的评价。当记者问到他是不是出于个人感情而与鲁迅合作时，郁达夫对在后期创造社中占多数的"年青左倾分子"提出了批评，说：我最讨厌宗派的做法，并明确表示他对鲁迅的态度一直没有改变。当记者问到鲁迅生前由于国民党当局的压迫，生活上发生过困难，是否确有其事时，郁达夫作了肯定的回答。郁达夫还告诉记者：鲁迅不但在日本很受欢迎，在中国同样受到欢迎。鲁迅后期的杂文和其他短篇创作为读者所爱读，鲁迅用非常短的篇幅简洁的说明问题，进行深刻的批判，尤其受到一般青年的欢迎，当时略带左倾的青年都崇拜鲁迅，以鲁迅为导师。最后，郁达夫预言：鲁迅死后，人们更要阅读他的著作，就是过了十年二十年也是如此。

十二月卅日　郁达夫自台湾到达厦门。在回答厦门《星光日报》记者提出的问题时，郁达夫说："鲁迅先生的死是可惜的。他年纪并不怎么大，依照他的年纪，至少还可以领导我们十年，可是他死了。他死了，使我们明白，无论任何一方面都需要一个领导人物，象一个路标指出一条路给我们跑。鲁迅先生的死，无疑地是中国文坛一大损失。日本方面，各处都很热烈地举行追悼，这次我到日本和日本作家佐藤春夫等筹划出版《鲁迅全集》，已经筹划好了，交由改造社负责，大约下个月便可以出版。至于国内的《鲁迅全集》，现在也在筹备中，大约不久亦可出版。"还对《江声报》记者说："鲁迅之死，当然可惜。在现时期，无论如何方面，总须领袖来领导。"

十二月卅一日　郁达夫在出席厦门市长举行的午宴时，代表厦门大学学生向国民党厦门市当局建议将厦门大学前面的一条大道改名为"鲁迅路"，以纪念这位在厦门大学执教过的伟大作家，但未被采纳。

一九三七年（丁丑　民国廿六年）

一月一日　郁达夫在厦门接待来访的文学青年郑子瑜、马寒冰等人时说："人们认为我和鲁迅思想不同，性格迥异，却不知道我和鲁迅是交谊至深，感情至洽，很能合得来的朋友。"

一月廿四日　郁达夫在福州《福建民报·小园林》发表

《鲁迅先生纪念奖金基金的募集》，号召福建各界人士捐款帮助设立鲁迅先生纪念奖金基金。

　　三月一日　郁达夫为日本改造社出版《大鲁迅全集》而作的《鲁迅的伟大》在《改造》第19卷第3号广告页发表，文中高度赞扬了鲁迅人格的伟大和思想的敏锐，指出："要全面了解中国的民族精神，除了读《鲁迅全集》以外，别无捷径。"

　　十月十七日　上午郁达夫在福州科学馆大礼堂出席福州文化界救亡协会成立大会暨鲁迅先生逝世一周年纪念会，大会"由郁达夫致开会词，许钦文、杨骚、董秋芳诸氏相继报告鲁迅生平事迹，及今天开会之意义，大意略谓鲁迅先生是一个战斗的文学家，他从在南京学海军起，一直到去年止，都是站在时代最尖端时时刻刻为着民族前途打算，他最后的一滴血，是用在统一抗日的问题上，他逝世距今已整整的一年了，在这一年之中，我们已经发动了强烈的全面抗战，整个的民族怒吼了，这是先生所期望的，也可以说大部分是由先生的言论培养成功的。"

　　十月廿日　郁达夫在福州《小民报·怒吼》第四号发表《鲁迅先生逝世一周年》，强调纪念鲁迅最好的方法就是"拼命地去和帝国主义侵略者及黑暗势力奋斗"。

　　十一月廿日　郁达夫在《小民报·救亡文艺》发表《手民之误》，文中说：鲁迅的稿子属于他所见到的"写得最整齐的"原稿之列，"不管是改得如何多，但总读得很清楚"。

一九三八年（戊寅　民国廿七年）

四月　应郭沫若之邀到武汉担任政治部第三厅设计委员的郁达夫，在与《自由中国》编者臧云远会见时谈到了鲁迅的小说创作，他说："鲁迅先生的功力是下得很深的。可惜他不在了。"

八月十四日　在湖南汉寿避难的郁达夫自本日起开始撰写长篇回忆录《回忆鲁迅》，至翌年七月始完稿。该文较为全面地回顾了与鲁迅的亲密交往和深厚友谊，表达了作者对鲁迅的敬慕和怀念之情，曾先后在香港《星岛周刊》、上海《宇宙风乙刊》、新加坡《星洲日报半月刊》连载，一九四〇年一月又由上海宇宙风乙刊社出版单行本，在鲁迅逝世后发表的同类文章中占着重要的地位。

十月十九日　郁达夫应邀出席福州艺术界及文化界青年在福州戚公祠举行的鲁迅逝世二周年纪念会，并亲笔书写鲁迅的著名诗句"横眉冷对千夫指，俯首甘为孺子牛"作为大会的对联。在会上郁达夫还应一位文学青年之请，在他纪念册上题词："抗战到底是中华民族的唯一出路。"

一九三九年（已卯　民国廿八年）

一月初　郁达夫于一九三八年十二月二十八日抵达新加坡，应邀编辑新加坡《星洲日报》的各种副刊。本月初，见报传许广平在上海的寓所失火，甚为焦急，立即致电慰问。

一月十八日　郁达夫在《星洲日报·晨星》发表《几个问题》，文中在谈到文艺论战的论题本身值不值得讨论时，以当时上海正在争论的"鲁迅风"杂文体是否适用新形势为例，认为"这不过是一个文体和作风的问题"，不必多加讨论。

一月廿五日 郁达夫在《星洲日报·晨星》发表《我对你们却没有失望》，文中对耶鲁在《读了郁达夫先生的〈几个问题〉》（载一月廿四日新加坡《南洋商报·狮声》）中批评他"不知道导师鲁迅一路来那种反托派反洋场恶少反颓废分子的战斗精神"提出反批评，声明自己始终崇拜鲁迅的人格和精神。

一月廿七日 郁达夫在《星洲日报·晨星》发表《我对你们还是不失望》，文中以自己能有"与鲁迅、郭沫若、史沫特莱、鹿地亘，或周恩来、吴玉章等的交情"而引为自豪。

一月廿八日 郁达夫在《星洲日报·晨星》发表《友人们的消息》，文中一开始就提到"前几天在报上，看见的鲁迅未亡人许广平女士携小儿海婴到延安之记事，正在惊异之际，却接到许女士自上海来信，知伊仍住在上海霞飞路霞飞坊。海婴因天气寒冷之故，在患气喘病。许女士大有偕孤儿海婴，南迁赴一暖地暂住之意，但不知能否成行耳"，表达了对鲁迅家属的深切关心。

一月卅日 郁达夫在《星洲日报·晨星》发表《一二八的当时》，文中再次回忆了上海"一二八"战争爆发后，他到处寻找鲁迅和周建人，"探问了三天，终于在南四川路的内山书店楼上，找着了鲁迅全家"的事。

二月十一日 郁达夫致函许广平，就许广平因海婴多病和生活困难想去新加坡一事，向许广平详细介绍出国路线、旅费、办理护照的手续和南洋的气候、语言、物价、生活习惯、风土人情等，并希望许广平为《星洲日报》撰稿，说："你若有功夫，请你多写些杂文或回忆鲁迅的东西来。"

三月卅一日　郁达夫在《星洲日报·晨星》刊出许广平的来信《文人的穷》，此信是对郁达夫二月十一日去信的答复，信中说："屡屡的承劳先生替我们打算一切，这种古道高风，是不能以笔墨表达微意的。奉到二月十一日惠函，关于星埠情形，承先生如此关切设法，已费去先生精神不少，在万分忙碌中，添此琐碎，真是惭感交并！"

五月十四日　郁达夫在《星洲日报星期刊·文艺》发表回答青年读者如何学习写作的信，信中指出：中国新文学作品中，鲁迅的作品是"成功的作品"，"可以一读"。

八月十三日　郁达夫在《星洲日报·晨星》发表《纪念柴霍夫》，文中指出鲁迅在中国作家中受契诃夫的"影响为最大"，并比较了这两位作家的异同点。

十月十四日　为纪念鲁迅逝世三周年，郁达夫编辑的《星洲日报·晨星》自本日起连载萧红的特约稿《鲁迅先生生活散记》（十月二十日载完）。郁达夫并在文前发表了《编者附志》，希望有更多的人撰写回忆鲁迅的文章。

十月十五日　郁达夫在《星洲日报星期刊·文艺》发表《鲁迅逝世三周年纪念》，指出"鲁迅是我们中华民国所产生的最伟大的文人"，并阐述了纪念鲁迅的重大意义。

十月十九日 郁达夫编辑的《星洲日报·晨星》刊出"鲁迅逝世三周年纪念专号",发表了《忆鲁迅先生》(泽深作)、《学习鲁迅先生的精神》(刘莎作)、《纪念革命导师——鲁迅》(谭文郁作,十月廿日至廿三日续刊)等文章。

同日 晚郁达夫先后出席新加坡爱同校友会和青年励志社举行的鲁迅先生逝世三周年纪念会并致词。他在爱同校友会的演讲,"先由鲁迅之出世述及东渡日本留学,然后述及其写作。郁先生称,鲁迅初并不拟以文章鸣世,后因朋辈之怂恿,乃多写作。其对恶势力,死不妥协,韧性战斗精神,至足为我辈学习。其对青年,极能提掖,虽然数度上当,亦不馁懈。至临终时,尚在执笔为文。当其逝世之时,举国哀悼。国内青年于鲁迅先生逝世后,乃募纪念鲁迅基金,乃设立鲁迅艺术学院,以纪念我人之导师。"他在青年励志社的演讲,"除发扬鲁迅先生之伟大外,对其为人,复有清楚之分析。据称,人每以鲁迅先生文章刻薄,然其实并不刻薄,彼与乃弟周作人交恶后,虽终不愿相见,然私心尚念念不忘。其对于青年,极力克尽于提携诱掖之类。故本人均以导师事之。其对恶势力,绝不妥协。对光明一面,则尽全力以赴之,历任厦门大学教授时,曾遭各方攻击,然其却能独当一面,韧性战斗。当其逝世之时,举国哀悼,出殡之日,青年,工人,女人,小商人,甚至连平日攻击彼之人,以及其所痛骂之资本家,亦皆受其感动,而亲临执绋,足证其为国人所敬仰。最后郁先生并述及鲁迅夫人许广平女士目下生活之苦况,并望各界能慷慨援助之。"

十月廿日　郁达夫编辑的《星洲日报·晨星》继续刊出《向光明呼号——为鲁迅三周年忌作》(罗颖作)、《鲁迅的妙语》(孔二作)等纪念文章。

　　十月廿二日　郁达夫编辑的《星洲日报星期刊·文艺》刊出纪念文章《鲁迅先生的不妥协》(年作)。

　　十月廿六日　郁达夫编辑的《盛洲日报·晨星》又刊出纪念文章《鲁迅导师的幽默与讽刺》(寄鸿作)。

　　十一月　郁达夫到新加坡后,积极参加和组织募款捐助延安鲁迅艺术学院的活动,本月在致《文艺阵地》编者楼适夷的信中说:"鲁迅艺术学院的捐款,此间也继续在筹寄。"

　　十二月十二日　郁达夫致函许广平,对许广平母子的生活极为关心,再次欢迎许广平母子到新加坡居住,并愿为之设法。在此之前,郁达夫在致楼适夷信中也提及此事。

一九四〇年(庚辰　民国廿九年)

　　一月十六日　郁达夫在《星洲日报·晨星》发表《文人的待遇》,文中在论述抗战以来"文人待遇的普遍低薄",以至"投机取巧的文学商人"已"视作文士为畏途"时,引用了鲁迅的话,认为"鲁迅在遗嘱里戒子万勿作空头文学家之类的箴言,是远不及事实的教训的"。

　　二月一日　郁达夫在《星洲日报·晨星》刊出许广平一月三日的来信《孤寡之声》,信中对郁达夫一九三九年十二月十二日去信表示的关切"衷心感激,几至泣下"。并通知郁达夫她已收到新加坡爱同校友会和青年励志社捐助鲁迅家属的汇款。

二月十五日　郁达夫在《星洲日报·晨星》刊出陈恩的《写在〈孤寡之声〉之后》，作者对鲁迅逝世后许广平母子的困苦生活深表"悲愤"，建议《星洲日报》各副刊的作者将稿费捐助许广平母子，并愿以自己这篇文章的稿费"募作'鲁迅遗孤抚育金'，以示提倡。"

三月七日　郁达夫在《星洲日报·晨星》刊出南鸿的《元宵杂感》，作者也响应陈恩建议，"酬赠鲁迅遗族"。

三月十一日　郁达夫得悉许广平将赴泰国曼谷任《中原报》副刊编辑，十分高兴，即在本日《星洲日报晚版·繁星》上发表《鲁迅夫人许广平女士赴暹任编辑》消息一则，以飨读者。后因此说不确，又在五月十日《晨星》"文讯"栏里作了更正。

三月十八日　郁达夫在《星洲日报·晨星》上刊出张明慈的《闲话鲁迅》，作者也响应陈恩建议，"酬赠鲁迅遗族"。

四月十九日　郁达夫在《星洲日报·晨星》发表《"文人"》，文中引用鲁迅"既然是人，自然也有性的生活，若只拿这一点，来攻击人，则孔夫子也有伯鱼"的观点，批评当时有些别有用心的文化人"专向同事作人身攻击"，以破坏文艺界抗日统一战线的错误行径。

八月十五日　郁达夫在《星洲日报晚版·繁星》刊出秋远的《记鲁迅艺术学院》，该文首次向广大海外读者介绍了延安鲁迅艺术学院的情况。

十月廿一日　为纪念鲁迅逝世四周年，郁达夫编辑的《星洲日报·晨星》刊出《读鲁迅先生的诗》（大顿作）。

　　十月廿五日　郁达夫编辑的《星洲日报·晨星》继续刊出纪念文章《鲁迅先生的伟大》（寄鸿作，廿六日载完）。

一九四一年（辛巳　民国卅年）

　　十月廿三日　为纪念鲁迅逝世五周年，郁达夫编辑的《星洲日报·晨星》刊出沈兹九的《鲁迅先生的战斗技术》。

　　十月廿四日　郁达夫在《星洲日报·晨星》发表《为郭沫若氏祝五十诞辰》，文中提到了郭沫若和鲁迅的关系，指出："创造社的许多青年，在当时曾经向鲁迅下过总攻击，但沫若兄恐怕是不赞成的。因为郭氏对鲁迅的尊敬，我知道他并不逊于他人。这只从他称颂鲁迅的'大哉鲁迅'一语中就可以看出。"

　　十月廿七日　郁达夫编辑的《星洲日报·晨星》又刊出景明的《鲁迅的三位一体性——为鲁迅先生逝世五周年纪念而作》，该文特地向广大海外读者介绍了毛泽东在《新民主主义论》中对鲁迅所作的崇高评价，具体论述了鲁迅作为伟大的文学家、思想家、革命家的"三位一体性"。

　　十月廿八日　郁达夫编辑的《星洲日报·晨星》继续刊出侯外庐的《阿Q的年代"问题"》。

　　十月廿九日　郁达夫编辑的《星洲日报晚版·繁星》也刊出纪念文章《鲁迅先生与妇女》（叶玉衡作，三十日载完）。

　　十一月五日　《星洲日报晚版·繁星》刊出孙伏园的《托

尼学说　魏晋文章——关于鲁迅先生》，是为郁达夫编辑《星洲日报》副刊期间刊出的关于鲁迅的最后一篇文章。

　　一个月后，《星洲日报》副刊《晨星》《繁星》《文艺》等均因太平洋战争爆发而停刊。三个月后，新加坡被日军占领，郁达夫开始了他一生中最后四年颠沛流离的流亡生活。在流亡中，他深深地怀念鲁迅，曾多次对汪金丁等人谈起左联与鲁迅，他说：我在左联没干什么工作，与鲁迅不能比。鲁迅在这方面比我们强得多。我们推鲁迅为领导，跟着鲁迅走。

一九四五年（乙酉　民国卅四年）

　　八月二十九日　晚郁达夫被日本宪兵秘密杀害于印度尼西亚武吉丁宜附近的丹戎革岱的荒野中，终年五十岁。

　　　　　（原载1982年1月花城出版社初版《郁达夫忆鲁迅》，与王自立先生合作，2013年修订，收入本书时再修订）

鲁迅郁达夫的第二次见面

读杨天石先生主编的《钱玄同日记》整理本（2014年8月北京大学出版社版）。钱玄同日记始于1905年，终于他逝世的1939年（中有间断和失落），先前已有影印本，却难以辨认。这部日记内容十分丰富，这次读整理本方便多了，有了意想不到的发现。

鲁迅、郁达夫这两位中国新文学巨匠，首次见面是在1923年2月17日。是日周作人在八道湾寓所请客，郁达夫应邀出席。周氏兄弟日记对此均有所记载。当天鲁迅日记云："午二弟邀郁达夫、张凤举、徐耀辰、沈士远、尹默、斝士饭，马幼渔、朱遏先亦至。谈至下午。"周作人日记云："上午在家约友人茶话，到者达夫、凤举、耀辰、士远、尹默、兼士、幼渔、遏先等八人。下午四时散去。"两人日记所列参加者大名顺序竟也惊人地一致，而至"下午四时"始散，可见主客十人谈兴之浓。这次欢聚拙编《郁达夫与鲁迅交往年表》早已著录。

那么，鲁迅与郁达夫第二次见面是在何时？以前笔者一直认为是在他们首次见面后十天，即同月27日。该天鲁迅日记云：晚"往东兴楼应郁达夫招饮，酒半即归"。为何"酒半即归"？因天太冷。同日周作人日记对此有所反映："晚达夫约会餐，因夜冷不赴。"拙编《郁达夫与鲁迅交往年表》也已著录。但是，随着五四新文学运动另一位重要人物钱玄同日记的披露，这个日期必须更正了。

查1923年2月23日钱玄同日记，有如下记载：

> 上午收拾书桌。士远来电话，邀我到他家中去吃午饭，熟客有他们弟兄三人，张凤举、徐耀辰、马幼渔、周氏兄弟二人诸人，生客只有郁达夫一人。

这个日子比2月27日早了四天！查同日鲁迅日记，只有短短一句："午前张凤举邀午饭，同席十人。"再查同日周作人日记，同样十分简略："至禄米仓午宴，共十人，下午五时回家。"原来周氏兄弟的日记虽然都记载了这次聚会，却似乎不约而同地均未详记参加者名单。名单的失记，导致我们九十余年来始终不知道周氏兄弟与郁达夫的第二次见面是在2月23日，而鲁迅于2月27日应邀赴宴已是与郁达夫的第三次见面了。短短十天之内，鲁迅与郁达夫三次见面，可见他们一见如故，交往甚欢。

有趣的是，钱玄同与郁达夫首次见面，却是印象不佳。

他在日记中又记下了对郁达夫的微词：

> 这位郁老先生，虽则研究新文学的人，可是名大皮（脾）气太大，简直和黄季刚差不多。我有些怕敢领教，只好"道谢啦"。

郁达夫当时才27岁，比钱玄同还小九岁，钱玄同却称他"郁老先生"，可见有点不屑。黄季刚与钱玄同同为章门高足，但两人话不投机。黄季刚以骂人出名，难道那天宴会上郁达夫也趁着酒兴"骂"了人？可惜无法进一步查考了。

（原载2015年9月12日《文汇报·笔会》）

郁达夫与鲁迅的《故乡》

短篇小说《故乡》是鲁迅最受日本读者欢迎的作品之一，多次被选入日本的中学课本。① 但是，长期以来，几乎没有人知道，最早把《故乡》介绍给日本读者的不是别人，正是鲁迅的好友郁达夫。

1927年8月15日，与郭沫若和成仿吾产生思想分歧的郁达夫退出了创造社，但他并没有放下手中的笔，不仅立即创办《民众》旬刊，发表了《〈民众〉发刊词》《谁是我们的同伴者》等一系列反对当时当权者的重要文章，而且继续为中日文化交流而努力工作。当时，日本作家武者小路实笃准备为自己主编的《大调和》杂志编辑一期"亚细亚文化研究号"（以下简称研究号），集中刊登研究中国和印度的政治思想、文学艺术和风俗习惯方面的文章，同时邀请郁达夫帮助编选中国新文学著名作家的作品。郁达夫欣然从命，他在8月29日高兴地

---

① 日本学者藤井省三后著有《鲁迅〈故乡〉阅读史》，中译本2002年6月北京新世纪出版社初版。

对来访者说：已经"为日本新出版的《大调和》杂志编了一期支那号"①。

可惜郁达夫把编定的稿子寄到日本时，研究号已经截稿，再加来不及翻译，无法全部刊出。值得庆幸的是，武者小路实笃从中选出四篇在10月1日出版的研究号上发表，其中一篇就是鲁迅的《故乡》（另三篇是胡适的《菩提达摩》、郭沫若的《革命文学》和余上沅的《中国演剧的现在及将来》）。在《故乡》译文文末还有一则"作者简介"：

> 鲁迅，本名周树人，浙江人。北京大学、广东中山大学教授。除《中国小说史略》外，还著有短篇小说集《呐喊》《仿徨》等。是民国第一流的短篇小说家。年四十七。

这则简介虽只寥寥数十字，却言简意赅，对鲁迅作了恰如其分的评价。它很可能出自郁达夫的手笔，至少也是根据编选者郁达夫的介绍而写的吧。

也许因为《故乡》是用第一人称写的，作品中又洋溢着浓厚的时代气息和追求变革的激情，郁达夫很喜爱这篇小说，他早就对郭沫若说过："《故乡》很不坏。"（郭沫若《眼中钉》）还有过专文评论小说集《呐喊》（《故乡》即为其中之一篇）的打算。可见他为《大调和》研究号编选中国作品时，

---

① 张若谷：《创造社访问记》，《珈琲座谈》，上海：真美善书店，1929年3月初版。

特意挑选这篇《故乡》,并不是偶然的。由于郁达夫的推荐,鲁迅的《故乡》得以首次与日本读者见面,而《故乡》的翻译又成为日本国内翻译鲁迅作品的滥觞之一,郁达夫之功实不可没。

后来,郁达夫把这期《大调和》研究号赠给鲁迅留作纪念,鲁迅还在1928年5月27日日记中专门记了一笔:"达夫来并赐《大调和》一本,去年十月号。"可是我们以前一直不清楚郁达夫与这期《大调和》的关系。直到最近,承日本研究郁达夫的学者铃木正夫先生的热心帮助,笔者才解开了这个谜。1985年8月29日,是郁达夫在印尼苏门答腊"失踪",惨遭日本法西斯杀害40周年,笔者把新发现的郁达夫与鲁迅及武者小路实笃关于中日文化交流的这段佳话发表出来,以为纪念。

(原载1985年8月21日《人民日报·大地》)

曹禺·《玄背》·郁达夫

中国现代著名戏剧家曹禺早在 16 岁时就编过报纸副刊，这已是鲜为人知的 60 年前的往事了。当时曹禺正在天津南开中学念高中，迷恋文学和戏剧，他既是南开文学会的成员，又是南开新剧团的演员。1926 年下半年，曹禺结识了天津《庸报》编辑王希仁，在王希仁支持下，人小志大的曹禺和几位文学爱好者一起创办了文艺周刊《玄背》，作为《庸报》副刊的一种公开发行，给当时较为沉闷的天津文坛注入了一股清新的春风。

自 9 月 13 日第 3 期起至 10 月 10 日第 10 期止，曹禺在《玄背》上连载小说《今宵酒醒何处》；在 10 月 31 日《玄背》13 期上，曹禺又发表了小诗《林中》和《菊、酒、西风》。这些新发现的曹禺"少作"，表明他在成为戏剧大师之前，曾在文学创作上作过多方面的尝试。且看这首《林中》：

　　晚风吹雨点点滴滴，

正晴时,闻归雁嘹唳。

眼前黄叶复自落;

遥望,

不堪攀折,

烟柳一痕低。

再看《菊、酒、西风》:

黄黄白白与红红,

摘取花枝共一丛。

酌酒半杯残照里,

——打头帘外舞西风!

两诗虽然凄惋清冷,而且明显地带有旧诗词的痕迹,但是状物写景,已略具细腻的抒情特点,开始绽露出少年曹禺的诗人气质和艺术才华。

少年曹禺爱读创造社的作品,《玄背》出版后,为了扩大影响,曹禺和同伴们就把报纸寄给郁达夫,请他指教,同时要求与《创造月刊》交换广告。郁达夫11月15日在广州给"玄背社诸君"写了热情洋溢的回信,信中说读了《玄背》"感到一种清新的感觉",称赞《玄背》同人是"新进的很有勇气的作者",并希望《玄背》"同志诸君,此后也能够不屈不挠的奋斗,能够继续作进一步打倒恶势力,阻止开倒车的工夫"。

这封信后来刊登在 11 月 28 日的《玄背》17 期上。两个月之后，郁达夫又在《创造月刊》第 1 卷第 6 期的编辑后记中特地提到《玄背》，强调该刊的"执笔者都还是没有在社会上作事的青年，所以说话很痛快，做文章亦没有想利用什么，或取得什么的野心。我劝大家可以拿来读一读，看看这一种青年纯挚的态度"。显而易见，这是为《玄背》所做的最好的广告，少年曹禺当时读到这些函文，想必会受到很大鼓舞和启示吧。

郁达夫后来曾撰《〈雷雨〉的演出》《看了〈雷雨〉的上演后》《在〈原野〉公演揭幕式上的致词》《〈原野〉的演出》等文，高度评价曹禺名作《雷雨》"技巧的高明"和《原野》所"特有的价值"，但他大概一直不知道他当年肯定的"玄背社诸君"中就有曹禺在内。今年是郁达夫殉难 40 周年和曹禺从事戏剧活动 60 周年，我们追溯这两位大作家早年的这段文字之交，不是颇有意义吗？

（原载 1985 年 12 月 14 日香港《文汇报·笔汇》）

一件终于搞清的史实

四年前的6月29日,《羊城晚报·花城》上发表了许峨先生的《郁达夫到汕头》,这篇回忆录不但文情并茂,而且提供了郁达夫1926年到汕头后寻访留日同学彭湃和李春涛的重要史实,颇引起郁达夫研究者和爱好者的重视。

然而,许先生在文中说"一九二六年暮春,郁达夫于编辑《创造月刊》创刊号后,应郭沫若之请,离沪赴广州任中山大学文科教授,船泊汕港,他即偕同黎锦晖之弟黎锦明登岸",却使我感到疑惑。根据郭沫若的《创造十年续编》所追忆,他与达夫1926年3月中旬赴广东大学任教,同行仅王独清一人,并无黎锦明在内,途中也未在汕头停留。郁达夫在1926年4月所写的《南行杂记》(已收入拙编《郁达夫文集》第3卷)抒发了作者离上海到广州途中的观感,也提到船过汕头未曾停靠和上岸,看来许先生回忆的郁达夫"一九二六年暮春"到汕头是误记了。到底郁达夫是否到过汕头,又是什么时候到汕头的呢?这个问题一直困扰着我。

最近，我有幸读到黎锦明先生在36年前写的《纪念一个抒情文学家》(载1946年10月1日、11月7日《中央日报·平明》新第201、202期，署名"莒明")和许先生自己在57年前写的《秋风里乍逢佳客》(载1926年10月24日汕头《岭东民国日报·文艺》第21期，署名"许美勋")两文，才顿释疑窦，始知郁达夫确实到过汕头，不过，不是在"一九二六年暮春"，而是在该年的深秋。

黎先生的文章告诉我们，郁达夫在1926年"一个深秋午时，定了一条开驶广州的货船的舱位。值巧作者也当此期赴广东某处文化机关工作，便约了他同行"。许老的文章则说得更为具体："(民国)十五年十月十九日，郁达夫先生由沪赴广州，道过汕头，遂与余晤，余心仪其人，悬有年所，方以未得一见为恨！今得把晤，实慰平生。"还说当时与郁达夫在一起的"还有他的同行黎锦明君"。两相对照，郁达夫何时到汕头，又与谁同行，就一清二楚了。

原来，郁达夫3月到广东大学出任英国文学系主任兼教授，6月初在京的孙荃夫人电告爱子龙儿病重，立即北返，抵京时龙儿已夭折。悲恸欲绝的郁达夫，返穗途中，在上海写下了脍炙人口的《一个人在途中》，10月中旬与黎锦明一起离沪去广州，19日船抵汕头，遂上岸游玩半天，会见了许峨、冯瘦菊等文学青年，饮酒畅谈，并在席间乘兴挥毫写下七绝："五十余人皆爱我，三千里外独离群。谁知岭外烽烟里，驿路匆匆又遇君。"许峨也吟了一句："秋风里乍逢佳客。"达夫这首诗传诵甚广,且有各种字句不同的抄本,许老在《秋风里乍逢佳客》中所记载的这首显然最为原始和可靠。

在《郁达夫到汕头》发表4年之后,由于《纪念一个抒情文学家》和《秋风里乍逢佳客》两文的发现,终于搞清了郁达夫到汕头的有关史实,想必也为许先生和广大郁达夫研究者及爱好者所乐闻。我因此又想到,研究现代作家的生平和创作,作家本人和同时代人的回忆固然值得珍视,但是由于年代相隔久远或其他原因,难免不会发生大大小小的差错,这就需要第一手的文字材料的发掘和印证,否则研究者是很容易判断失误的。

(原载1984年合肥《艺谭》季刊总第19期)

也谈《诉诸日本无产阶级文艺界同志》

《新文学史料》1982年第4期刊登的郁达夫重要佚文《诉诸日本无产阶级文艺界同志》和唐天然先生的介绍文章,有几处错漏,谨作补正如下:

一、此文中文原文第三段中有一句"应该唤醒日本的○○和资本家的迷梦",句中所空缺的两字,这次重刊时加了一个附注:"(疑为'革命'两字)",实际并非如此。正如介绍文章所指出的,此文在日本《文艺战线》第4卷第6期上发表时,除了中文之外,还有作者自译的日文。据笔者核对,在日文译文中,这两个字并未空缺,而是印作"军阀",因此,这句话全文应为:"应该唤醒日本的军阀和资本家的迷梦"。

二、此文写作前后的有关情况,介绍文章所述还不够详细,郁达夫自己在《日记九种》中有明确的记载。他在1927年4月28日的日记中说:"昨天回出版部,看到了日本文艺战线社的代表小牧近江和里村欣三来谒的名片,所以去回看了他们一次,并且于晚上请他们在一家广东酒馆内喝了一点酒。他们约我今早午前十一时去,所以一早就赶回出版部里,为他们做了一篇文章,名《诉诸日本无产阶级同志》。并且检了许多《洪水》、《创造月刊》,预备去送给他们。……到十一点半钟,才和田汉到他们寄寓的孟渊旅馆。"当天晚上,他又和周文达"上孟渊旅馆去找小牧、里树,上美丽川菜馆去吃晚饭,吃到十点才送他们上船回日本去"。显然,这篇文章也就由小牧和里村随身带回日本发表。由于此文公开强烈谴责蒋介石,郁达夫自己对它很重视,也引起了国民党当局的注意。他在同年5月31日的日记中说:"日本的《文艺战线》六月号,前天可到上海,大约官宪当局又在起疑神病了。"这期《文艺战线》虽然标明"6月1日"出版,其实5月底就运抵上海发行了。不早不晚,就在5月29日,国民党军警突然搜查创造社出版部并查问郁达夫的行踪,因此,很可能他们见到此文后恼羞成怒,企图加害于郁达夫,正好郁达夫事前去杭,才幸免于难。

三、介绍文章中有两处把《文艺战线》误写成《文艺新闻》。

(原载1983年5月《新文学史料》总第19期)

湮没不彰的史实：郁达夫与共产党人

翻开一部中国现代文学史，人们不难发现，有许多作家虽然并未加入中国共产党，却长期与共产党合作，是共产党的朋友，他们同样努力着，奋斗着，为中国人民的正义事业作出了不可磨灭的贡献，郁达夫就是其中一位突出的代表。

作为一位作家，郁达夫在自己的作品中表达了对中国现实的关注和对黑暗势力的憎恨，表示了对劳苦大众的同情和对人民民主的向往，这些作品滋润着无数渴求进步的青年的心田。作为一位政治活动家，郁达夫曾积极参加中国自由运动大同盟、中国民权保障同盟等组织的正义活动，最后义无反顾地站在全国人民抗日救国洪流的前列，为伟大的反法西斯斗争献出了自己的宝贵生命。这一切，已为人所熟知。但是，在郁达夫一生中，还有许许多多热诚帮助和全力营救共产党人和左翼作家的动人事迹，至今鲜为人知。

1927年国共分裂时，郁达夫正在上海，他亲眼目睹国民党当局血腥大屠杀，悲愤填膺，先是挥笔写下《诉诸日本无产阶级文艺界同志》等文章,强烈控诉"蒋介石之类的新军阀"的背信弃义,倒行逆施,接着又冒着风险创办了一份综合性旬刊《民众》。《民众》的宗旨是要"唤醒民众的醉梦,增进民众的地位,完成民众的革命"。它虽然只有薄薄二三十页,却是尖锐泼辣,愤激异常,单郁达夫一人就先后发表了《〈民众〉发刊词》《谁是我们的同伴者》《乡村里的阶级》《农民文艺的实质》《俄英若交战》等一系列文章,认真探索大革命失败的原因,大声疾呼重视农民的革命力量,努力提倡农民文艺,这与当时中共把工作重点转移到农村,其基本方向是一致的。鲁迅也应郁达夫之请为《民众》撰写了《革命文学》一文。应该指出,《民众》的出版本身就是郁达夫与共产党人紧密合作的产物。郁达夫日记1927年8月19日记云:"午前那位小朋友和他的友人来谈,决定出一个周刊的事情,刊物名《民众》,是以公正的眼光,来评现代的社会革命的。"9月2日日记又云:"晚上余泽鸿同学来谈,作文章到翌日午前5点,把《民众》稿子全部做好了,我作了一篇发刊词,一篇《谁是我们的同伴者》。"这位余泽鸿是什么人?原来他是中共党员,曾任上海学生联合会主席团委员,"是上海群众运动中的有名的领导人"(陈云语),当时在上海坚持地下斗争,后来在长征途中牺牲。郁达夫对余泽鸿的身份是一清二楚的,他后来在《一·二八的当时》一文中还曾公开提到这位他所尊重的年轻有为的共产党人。由此可见,《民众》的编辑出版,决非郁达夫一时心血来潮,而是他根据中共的建议这样做的。《民众》在进步青年中产生了很大的影响，郁达夫在日记中就提到他所遇到的学生"多问我以《民众》旬刊的事情"。据有关人士回忆，当时上海的一些地下党组织还把《民众》作为学习材料，秘密传阅。但同时也就引起了国民党当局的忌恨，他们把《民众》看作"C.P. 的机关杂志"，必欲除之而后快，还有人为此呈请通缉郁达夫。因此，《民众》出版了6期（目前我们仅能见到第2期）就夭折了。

一年之后，郁达夫又与阿英合作，编辑出版了《白华》杂志。《白华》是共产党领导的中国济难会主办的文艺性半月刊。郁达夫与中国济难会一直有密切的联系，早在1927年1月，他就为中国济难会儿童团办的《济难儿童》题写过刊名。同年10月19日，郁达夫又和鲁迅一起出席中国济难会工作人员、中共党员王望平举办的工作晚宴，参与济难会领导工作的潘汉年也出席了。所以，当中国济难会要求他和阿英合编一本做"被压迫民众的喉舌"的文艺性刊物时，郁达夫马上愉快地答应了。阿英早已是中共党员，这是郁达夫与共产党人的第二次具体合作，他撰写了《〈白华〉的出现》，强调《白华》的出现，是想对革命尽一种"微之又微"的小力，衷心祝愿《白华》将来化作贯日的长虹，打倒日本及其他帝国主义；化作普度众生的长桥，救度被压迫得无路可走的劳苦大众，还发表了借秦始皇焚书坑儒、虐杀百姓的故事来暴露蒋介石叛变革命、屠戮人民罪行的《故事》。《白华》上的作品，不论是政论、小说，还是诗歌、通讯，都有一个鲜明的主题，即无情地鞭挞帝国主义以及国民党，把真理灌输给那些在黑暗中彷徨、苦闷的人们。《白华》仅出版了3期，又被国民党当局以"借无产阶级文学宣传阶级斗争，内中尤多反对中央及国府言论"的罪名查禁了。然而《白华》与《民众》一样，作为郁达夫与共产党人在漫漫长夜中合作的成果，将永远载入左翼文艺运动的史册。

在整个20世纪30年代，为了反对日本帝国主义的侵略和国民党的高压政策，郁达夫还与共产党人进行过几次卓有成效的合作，他自己后来公开说过："当时在上海负责在做秘密工作的几位同志，大抵都是在我静安寺路的寓居里进出的人。"且不说人们都知道的郁达夫列名为"左联"发起人这件事，"一·二八"战争期间，"在上海的中共执委，负宣传之职的人，有两个，一是余泽鸿，一是广东梅县的青年"，郁达夫就与他们保持较为密切的接触。他先后加入中共领导的上海文化界反帝抗日联盟、中国著作者抗日会等组织，为抗日四处奔走，"尽一点毫无裨益的义务"。他还应中共主持的"文总"机关刊物《文化通讯》之请，写下了那篇有名的严厉谴责蒋介石不抵抗政策的《悼罗佩脱·孝脱义士》。1937年秋，郁达夫又在福州与共产党人携手合作，共同发起福州文化界救亡协会。郁达夫任理事长，中共福州市委宣传部长卢茅居任候补理事兼讲演股股长，中共党员陈学英、魏然等任常务理事，当选为常务理事的还有左翼和接近左翼的作家杨骚、董秋芳、许钦文等人。他们互相配合，办刊物、巡回讲演、安排演出、慰劳负伤将士……用多种形式大张旗鼓地宣传抗日，郁达夫更是几乎每日一文，对日寇口诛笔伐，从而使福州的抗日救亡运动得到蓬勃的发展。当国民党省保安处以"文救会"有异党分子活动相威胁并对"文救会"刊物进行武装恫吓时，郁达夫与卢茅居等商议后，决心与中共党员共进退，愤然登报辞去"文救会"理事之职，向压制抗日运动的顽固分子表示强烈的抗议。

除了和共产党人合作编刊物、办协会，郁达夫还关心、爱护共产党人和左翼作家。

中共领导的革命文学团体太阳社成立之初，经济窘迫，是郁达夫同意太阳社编选出版《达夫代表作》，并把这本书的版税全部捐赠给太阳社作为活动经费；

党员作家洪灵菲到上海后，是郁达夫介绍他与阿英、孟超等人结识，促进了太阳社和我们社的联合；又是郁达夫把洪灵菲的长篇处女作《流亡》推荐给现代书局出版，《流亡》的问世，奠定了洪灵菲在文坛上的地位；

党员作家蒋光慈的作品在一个相当长的时间里未被人们重视，是郁达夫多次在《创造月刊》《民众》等刊物上发表他的作品，并撰文给予高度评价，还竭力介绍蒋光慈的诗集《战鼓》出版；蒋光慈病逝后，又是郁达夫不顾某些人的故意冷落，特地撰文《光慈的晚年》纪念这位为左翼文学倾洒了毕生心血的诗人；

年轻的共产党员李俊民在国共分裂后流亡到上海，生活没有着落，是郁达夫热情解囊，为他解决了住宿问题；又是郁

达夫在写作上不断鼓励他,把他的作品拿到《语丝》《奔流》《大众文艺》等刊物上发表,引导他走上了文学道路;

党员作家胡也频担任左联执行委员后,忙于革命活动,当时一些有名的文学刊物都不敢刊登他的作品,是郁达夫不避嫌疑,把他的以工人运动为题材的小说《黑骨头》推荐给《现代学生》发表,这篇《黑骨头》是胡也频后期为数不多的重要作品之一,后来被选入日本出版的"左联"五烈士纪念集中。

……

不仅如此,当共产党人和左翼作家受到国民党的迫害和摧残时,郁达夫更是义不容辞地挺身而出,千方百计地进行营救。他曾在《回忆鲁迅》中提到:1930年代初期,自己"暗中站在超然的地位,为左联及各工作者的帮忙,也着实不少。除来不及营救,已被他们杀死的许多青年不计外,在龙华,在租界捕房被拘去的许多作家,或则减刑,或则拒绝引渡,或则当时释放等案件,我现在还记得起来的,当不只十件八件的少数"。郁达夫这话并不夸张,他在这方面为中共为人民所做的工作是大量的,艰巨的,尤其令人钦敬。

早在"四一二"政变前夕,北伐军总政治部被查封,在该部宣传科从事美术工作的许幸之被捕入狱,郁达夫就不顾自己也已受到国民党军警的注意,努力设法保释,这在《日记九种》中有明确的记载。1927年4月8日日记记云:"有几个朋友入了狱,出去探听消息,想救他们出来,然而终究办不到。"次日日记又记云:"午饭后去设法保释几位政治部的朋友,又不行。"5月27日日记又记云:"为许幸之等写了一封信给东路军指挥处的军法科长,要求放免许等3人。"而许幸之本人直到半个世纪之后方才知道这件事,已无从对郁达夫表示感激之情。

1931年1月,"左联"五烈士不幸被捕,郁达夫立即奔走营救,并曾请蔡元培出面干预。据冯乃超生前回忆,郁达夫还全力营救与"左联"五烈士一起身陷囹圄的后期创造社成员李初梨,可惜有关细节我们至今不清楚。柔石等"左联"五烈士惨遭杀害后,郁达夫与鲁迅一样,极为悲痛,他后来在《〈几个伟大的作家〉译者序引》中说:"尤其是大家觉得不幸的,是这一位朋友(指柔石——作者注)""竟殉了主义,已经不存在世上了。"对柔石的被害表示了深切的哀悼之情。

1932年3月,在上海"工人反日会"从事地下工作的孟超被捕入狱,他虽未暴露共产党员身份,但处境很危险。郁达夫闻讯又慨然以设法营救为己任,请他的哥哥、富于正义感的江苏高等法院第一刑庭庭长郁华帮忙。由于案关抗日,"工人反日会"又是公开的群众组织,孟超只坐了半年牢就脱离了虎口。

至于在担任中国民权保障同盟上海分会执行委员期间,郁达夫积极参与营救被国民党当局逮捕的牛兰夫妇、廖承志、丁玲、潘梓年等著名共产党人,更早已为进步文化界所传颂。

1936年11月,厦门文艺界进步青年发起召开鲁迅追悼会,这个民众和文学青年对一代文豪寄托哀思的集会引起了国民党当局的恐慌,厦门警察局局长密报福建省政府,准备逮捕追悼会发起人。时任福建省政府参议的郁达夫得知此事,义正辞严,据理力争,才使10多名进步青年免遭毒手。

翌年秋,党员作家楼适夷应郁达夫之请到福州参加福州市文化界校大协会工作,编辑"文校会"机关刊物《小民报》副刊,大力宣传抗日救国。不久,楼适夷的身份被国民党福建省保安处发现,郁达夫立即通知楼适夷,并亲自护送楼适夷安全离开福州。

在远走新加坡的3年中,郁达夫全心全意为抗日爱国大业服务。当日军逼近新加坡的紧急关头,他又为营救大批马来亚共产党人作出可贵的努力。在印尼流亡期间,郁达夫还营救过中共党员、作家高云览和其他许多反法西斯战士。特别应该提到的是,当日本宪兵觉察郁达夫的真实身份时,郁达夫首先考虑的是胡愈之、沈兹九等人的安全,精心安排胡愈之等人撤离巴爷公务,宁可自己单独留下来承担一切。诚然,郁达夫未必知道胡愈之是中共秘密党员,但他这种临危不惧、竭力掩护友人的自我牺牲精神,怎不使人感动?怎不值得我们怀念?

综观郁达夫一生,他见过许多著名的共产党人,他们的才干、胆略和献身精神给郁达夫留下了深刻的印象。他与彭湃在日本留学时就已结识,1926年秋途经汕头时还特地去拜访这位农民运动领袖；他与张闻天、张健尔兄弟是切磋文艺的诤友，张闻天去美国留学后还写信向他倾诉衷肠；抗战初期，周恩来在武汉宴请他，他以有与"周恩来、吴玉章等的交情"而感到自豪。他称赞中共是"真正唤起民众的集团"，称赞中共领导的八路军、新四军是"抗日最力的军队"。因此，他能与共产党长期合作。当然，由于种种复杂的历史原因，中共曾对郁达夫产生过很大的误解，郁达夫也对中共领导的"左联"采取的贴标语、撒传单、搞"飞行集会"等"左"倾盲动的做法表示过强烈不满，为此，他还被不公正地开除出"左联"。然而，正如上述大量事实所证明的，在许多重要的历史关头，郁达夫都与中共患难与共，不愧为中共的一位忠实朋友，一位杰出的爱国主义者，一位真正的中华英烈。

（原载 1988 年 1 月华夏出版社初版《燃尽的红烛》，收入本书时略有修订）

郁达夫参加了左联成立大会吗？

读李白英先生的遗作《我所知道的谢婉莹》（载《艺谭》1982年第1期），深受教益。但文中回忆郁达夫参加了1930年3月2日下午在上海中华艺术大学举行的左联成立大会并作了讲话，却与史实不符。

据冯雪峰、夏衍等回忆，郁达夫是经鲁迅提名列名为左联发起人的，但他没有出席左联成立大会，更不可能在会上讲话。最直接、最有力的证据就是他本人当天的日记。1950年代后期，浙江发现了一本郁达夫1929年9月至1930年6月间的日记，笔者曾有幸见过冯雪峰的亲笔抄本，其中1930年3月2日这天的记载全文如下：

（三月）二日，星期日（二月初三），阴晴，向晚有风，似欲雨矣。

今天在家里看了一天的家。王老于午前来，在这里吃中饭。饭后小睡，起来的时候，已经是四点多了。

作张氏菊龄及夏莱蒂二人书。候北新来信，不至，又写了一封信去问去了。

日记中的"王老"，即郁达夫当时的妻子王映霞的祖父、杭州耆学王二南，当时他们都住在上海赫德路嘉禾里，两人经常樽酒论诗，谈古说今，郁达夫后曾作有《王二南先生传》追记之。张菊龄是王映霞的表姐。夏莱蒂则是郁达夫编辑《大众文艺》时的亲密合作者，当时已离沪去济南齐鲁大学任职。

郁达夫写给自己看的日记与他公开发表的《日记九种》等一样，都是很详细的，不像鲁迅的日记，为防万一，许多事往往略而不记。因此，3月2日这一天所记的内容当不会有什么遗漏。从中可以清楚地看到，郁达夫这天整天没出门，这天下午2时左联举行成立大会时，他正在家中"小睡"，怎么可能又去出席大会呢？郁达夫得知左联成立的消息，大概是在第二天，因为3月3日的《鲁迅日记》上有"下午达夫来"这一条。

我们不妨再从当时的有关记载来看。1930年3月10日出版的《拓荒者》第1卷第3期以《中国左翼作家联盟的成立》为题，首次公开报道了左联成立的消息，文中说"宣告开会以后，推定了鲁迅、沈端先、钱杏邨三人成立主席团。先由冯乃超、郑伯奇报告筹备经过。接着就是中国自由运动大同盟代表（指潘漠华——笔者注）的讲演。往下由鲁迅、彭康、田汉等相继演说。"显而易见，这段话至少可以证实郁达夫没有在大会上讲话这一点。而李白英先生回忆田汉主持大会并第一个发言，郁达夫其次，鲁迅的讲话在最后，这就不但把未曾到会的郁达夫误记作在会上讲了话，而且把大会的主持人和发言人的讲话顺序都记错了。

此外，李白英先生对谢婉莹的回忆也有几处失实。文中说1929年夏天以后不久，谢婉莹和顾凤城在沪结婚，后来他们三人一起参加了左联成立大会，"却都未加入左联"。实际情形是，谢婉莹1929年5月1日就离沪去北京求学了，根本不可能出席翌年3月在上海举行的左联成立大会。不过1930年10月北平左联成立时，谢婉莹是发起人之一，端木蕻良、孙席珍、杨纤如等都曾忆及此事。至于她与顾凤城结婚，那是1931年春她第二次来上海后的事了。

由于年代相隔较久，记忆难免有误，李白英先生的文章在史实上有些出入，这是可以理解的。拙作的目的也只在于稍作辩正，以免以讹传讹。令人痛惜的是，李白英先生已经离开了我们，不可能再对拙作提出批评了。

（原载1982年合肥《艺谭》季刊总第10期）

左联·郁达夫·《北斗》

1930年3月2日,中国左翼作家联盟在上海成立,距今已经整整八十五年了。

据现有史料,左联发起人有五十余人之多,[①]包括了鲁迅、郁达夫和后期创造社、太阳社、南国社等文学社团的成员,而对创造社元老郁达夫是否列名发起,当时曾有过不同意见。参与左联筹备小组工作的夏衍在1980年1月所作的《"左联"成立前后》一文中回忆,当他与冯乃超二人受筹备小组委托,将左联纲领和发起人名单初稿送请鲁迅审阅时,鲁迅对发起人名单中没有郁达夫提出了异议:

> 这次会见是在鲁迅家里,我们说明了筹备会讨论的经过,把两个文件交给了他。鲁迅很仔细地同时也是很吃力

---

① 参见记者:《中国左翼作家联盟的成立》,《拓荒者》,1930年3月10日第一卷第三期。又参见丁景唐:《关于参加中国左翼作家联盟成立大会盟员名单(校订稿)》,《犹恋风流纸墨香:六十年文集》,上海:上海文艺出版社,2004年,第691–702页。

地阅读了那份文字简直象从外文翻译过来的纲领,后来慢慢地说:"我没意见,同意这个纲领。"又说:"反正这种性质的文章我是不会做的。"接着他又看了发起人的名单。有些他不认识的人,我们一一作了介绍,他也没有表示不同意见。最后他提出为什么没有郁达夫参加发起?我们说,郁达夫最近情绪不好,也不经常和一些老朋友来往。鲁迅听了之后,很不以为然地说:"那是一时的情况,我认为郁达夫应当参加,他是一个很好的作家。"我们表示同意。不过我们说这还得征求他本人的意见,鲁迅也赞成。①

查鲁迅日记,1930年2月24日云:"午后乃超来。"《鲁迅全集》对此句的注释为"冯乃超来请鲁迅审阅'左联'纲领草稿"。由此,或可断定,冯乃超、夏衍与鲁迅的这次重要会见,时间为1930年2月24日。只是有一点,鲁迅日记未记沈端先(夏衍当时用名)的名字。

四年之后,夏衍撰长篇自传体回忆录《懒寻旧梦录》,在第四章"左翼十年(上)"之第三节"筹备组织'左联'"中,写到这次拜访鲁迅时,几乎原封不动地照搬了《"左联"成立前后》中的上引这段话,但有一个关键的改动,即把"我们说,郁达夫最近情绪不好……"改为"乃超说,郁达夫最近

---

① 夏衍:《"左联"成立前后》,《左联回忆录》上册,北京:中国社会科学出版社,1982年,第42页。

情绪不好……"，①"我们说"变成"乃超说"，这可以理解为对郁达夫列名左联发起人，至少冯乃超开始是持有不同意见的。② 到了1985年，为纪念郁达夫遇害四十周年，夏衍写了充满感情的《忆达夫》，文中在忆及郁达夫与左联关系时，又是这样回忆的：

> 关于达夫和"左联"的关系，我看到过的有关文史资料和回忆文章中，也有一些不符合实际情况的记载。1930年2月下旬，"左联"筹备组草拟发起人名单时，对郁达夫应否列名的问题，确曾有过不同意见，有人（郑伯奇、钱杏邨）赞成，也有人反对，当时我不了解文艺界内情，也没有坚持。后来冯乃超和我拿了这个名单向鲁迅征求意见，鲁迅就问：你们问过郁达夫没有？为什么不列他的名字？于是我们就在发起人名单上加上了达夫的名字，并决定由我去征求他的同意。大概在2月下旬的一个雨天，我和陶晶孙一起去看

① 夏衍：《懒寻旧梦录·左翼十年（上）》，《夏衍全集》第15卷，杭州：浙江文艺出版社，2005年，第80页。

② 冯乃超1977年12月20日改定的《左联成立前后的一些情况》中所说与夏衍有出入："第三次去鲁迅家里是请他对左联的《宣言》等文件提意见，是我一个人去的。"他1978年9月4日所作《鲁迅与创造社》中，也否认对郁达夫列名左联发起人持有不同意见："有人提到郁达夫参加'左联'是鲁迅介绍的，姑无论这是否事实，便派生出了创造社的人排斥郁达夫参加'左联'的说法；更有人说我主张开除郁达夫出'左联'，鲁迅不同意，我因此受到了批评云云，真是无中生有。"参见《冯乃超文集》（上），广州：中山大学出版社，1986年，第383、395页。有必要指出，据鲁迅日记，冯拜访鲁迅仅1930年2月24日这一次而不是"三次"。

他，他病卧在床上，我简单地把筹备成立"左联"的事告诉了他，并让他看了发起人名单。他就说：你们要我参加，就参加吧，不过我正在"冬眠"，什么事情也做不了。①

这个回忆又恢复了"我们说"，对整个事情来龙去脉的回忆则更为完整。如果1930年2月24日冯乃超、夏衍拜访鲁迅这个日期确实无误，那么，夏衍与陶晶孙拜访郁达夫征求同意列名左联发起人的日期就应该在1930年2月25日至3月1日之间，因为3月2日左联就召开成立会了。但已经刊行的郁达夫1930年2月—3月日记是摘录，不是全部，②所以夏、陶到底哪一天拜访郁达夫，还是个悬案，有待将来郁达夫日记的全部公开。

不管怎样，郁达夫列名左联发起人曾有过不同意见，在鲁迅建议下方得以列名，却已是不容置疑的了。令人惊讶的是，郁达夫列名左联发起人之后不到九个月，又被左联"请他退出"。有关情形，左联首任常务委员郑伯奇在十五年之后所写的《怀念郁达夫》中首次作了披露：

不久，文坛起了波动，新的运动发生了。达夫对于新运

---

① 夏衍：《忆达夫》，《夏衍全集》第九卷，杭州：浙江文艺出版社，2005年，第581页。

② 郁达夫1929年2月至3月的日记，由其后人摘编成《断篇日记》，但其中并无2月24日至3月1日陶晶孙等来访的记载，当然不排除郁达夫失记或摘编者未摘录。参见《郁达夫全集》第十二卷，杭州：浙江文艺出版社，第311–314页。

动早有共鸣，大家都希望他能够参加。也许是达夫在文坛的地位和他的社会关系妨碍了他，大家总觉得他不甚积极。但是当团体成立的时候，他当然参加了。不知由那里传出来的话，据说他曾对徐志摩先生说："I am a writer, not a fighter"。这句话引起青年朋友们的不满。在我主持的一次大会席上，通过了请他退出的决议案。这是我终身引为遗憾的一件事。其实，"我是作家，不是战士"这一句话，严格地解释起来，固然有点不妥，而解决的办法，至今思之，究嫌过火。我在当时不能制止，自然应该负责。这句话若在以后几年间说出来，决不会引起这样的波澜。①

这段文字尽管有点隐晦，意思还是明确的。"新的运动"指左翼文艺运动，"大家"希望郁达夫"参加"，他当然也参加了的"团体"是指左联。时光荏苒，又过去了一十七年，进入晚年的郑伯奇撰写了《"左联"回忆散记》，再次旧事重提，表述也更为清晰完整：

> 因为政治环境恶劣，"左联"很少开会员大会，但在初期，却召开过几次人数较多的会，地址好像都在北四川路附近。记得在北四川路横浜桥附近一所小学里开过一次会，是临时召集的。会上有人提出这样的意见：郁达夫对新月社的

---

① 郑伯奇：《怀念郁达夫》，《书报精华》，1945年第十二期。转引自《郑伯奇文集》，西安：陕西人民出版社，1988年，第1197页。

> 徐志摩说："我是作家，不是战士。"向"左联"的敌人公然这样表示，等于自己取消资格，应该请他退出。一时群情激动，纷纷表示赞成。我主持会议，未经深思，遂付表决。达夫因此和"左联"一时疏远，并对我深致不满。以后，我担任良友图书公司编辑，彼此才逐渐恢复交情。①

归纳郑伯奇先后两次回忆，可以得出这样的结论：左联初期，在一次"临时召集"的"大会"上，表决通过了请郁达夫"退出"左联的决议，这次"大会"正是由郑伯奇主持的，而之所以非请达夫"退出"不可的依据，是他对左联的"敌人"徐志摩说了"我是作家，不是战士"这句话。郁达夫与徐志摩是中学校友，两人关系一直很好，当时的徐志摩是否就是左联的"敌人"，是大可怀疑的。徐志摩的文学主张和创作实践当然与左翼作家不同，但他却没有把左翼作家视为"敌人"，而很愿意与之交朋友。②

郁达夫生前对此事也有过两次直接的公开表态。一次是1933年5月在杭州答记者问，他是这样说的：

---

① 郑伯奇：《"左联"回忆散记》，《新文学史料》，1982年2月总第十四期。
② 郑振铎在徐志摩去世后回忆，"他在上海发起'笔会'。……他很希望上海的'左翼'文人们，也加入这个团体。同时，连久已被人唾弃的'礼拜六'派的通俗文士们他也想招致。虽然结果未必能够尽如他意，然他的心力却已费得不少了。在当代的文坛上，象他那样的不具有'派别'的旗帜与偏见的，能够融合一切，宽容一切，我还没见过第二人"。见《悼志摩》，北平：《晨报·学园》，1931年12月8日。

左翼作家大同盟，不错，我是发起人中的一个。可是，共产党方面对我很不满意，说我的作品是个人主义的。这话我是承认的，因为我是一个小资产阶级出身的人，当然免不了。……

后来，共产党方面要派我去做实际工作，我对他们说，分传单这一类的事我是不能做的，于是他们就对我更不满意起来了。所以在左翼作家联盟中，最近我已经自动的把"郁达夫"这名字除掉了。①

另一次是他1939年在有名的《回忆鲁迅》中提到此事：

当时在上海负责在做秘密工作的几位同志，大抵都是在我静安寺路的寓居里进出的人；左翼作家联盟，和鲁迅的结合，实际上是我做的媒介。不过，左翼成立之后，我却并不愿意参加，原因是因为我的个性是不适合于这些工作的，我对我自己，认识得很清，决不愿担负一个空名，而不去做实际的事务；所以，左联成立之后，我就在一月之内，对他们公然的宣布了辞职。②

---

① 许雪雪：《郁达夫先生访问记》，杭州：《文学新闻》，1933年5月第三期。
② 郁达夫：《回忆鲁迅》，见新加坡：《星洲日报半月刊》，1939年6月第廿三期。转引自《郁达夫全集》第四卷，杭州：浙江文艺出版社，1992年，第227页。

郁达夫这两次回忆显然对左联成立后的一些过左的"实际工作",如"分传单"、飞行集会等表示不满,但回忆也存在若干偏差,如他说的"一月之内"就向左联"宣布了辞职",按常理视之,时间上不可能那么快。而且,"宣布了辞职"是什么意思呢？1930年12月间确实有关于郁达夫"脱离"左联的公开报道,值得注意:

> 中国左翼作家联盟成立以后,郁达夫亦有名字在里面,不过听说达夫在左联并没有做过什么事情,左联的会议,他从未参加过。近来达夫在林语堂、徐志摩等宴会上,曾当众表示:"自己是一个文人,不是一个战士。"同时,他又写信给左联,说他自己因为不能过斗争生活,要求脱离关系云。①

这则报道或可证实那句"我是作家,不是战士"并非空穴来风,而是郁达夫在某次与徐志摩、林语堂等的宴席上所说的。想必由某位在场者传了开去,才引发左联大会上"请他退出"的表决。但是,这次宴会到底是什么时候举行的,有哪些人参加？郁达夫"又写信给左联"的"同时"到底是何时？仍都是个谜。

---

① 《郁达夫脱离左联》,见上海:《读书月刊》,1930年12月1日第一卷第二期"国内文坛消息"栏。

不仅如此，夏衍在《怀达夫》里对左联的这次表决也表示了怀疑：

> 谈到达夫和"左联"的关系，还有一个直到现在还弄不清楚的问题，那就是郑伯奇1962年9月间写的《左联回忆散记》中所记的"左联"通过了把郁达夫除名的决议。……这篇回忆中对于"左联"在会员大会上通过"请他（郁达夫）退出"的情况叙述得很详细，但这件事发生于哪年哪月，却没有具体说明，而只说是在"左联"成立之后的"初期"。"左联"成立于1930年3月，"初期"，那应该是在1930年或1931年之间，当时我是"左联"的执行委员，说我对这样一件大事毫无印象，是不大可能的。更使我不解的是"左联"成立初期的党团书记是冯乃超，不久后接替乃超的是冯雪峰，以及当时和达夫经常有来往的阿英，乃至郑伯奇本人，在"文革"以前的二十多年中，都没有和我谈起过这件事。"左联"初期（到1933年达夫迁居杭州之前），我和他不时见面，他迁居杭州后，每次到上海，也常常来找我，而他也从来没有提到这个问题。现在，乃超、雪峰、伯奇都不在了，已经没有核对的可能。近几个月来，我问过几位研究"左联"史实的朋友，据说冯雪峰在60年代也曾讲过，说"左联"会员大会通过这个决议时只有他和柔石等四人反对。柔石是在1931年2月殉难的，那么这件事应该是在1930年的5月之后，因为5月以前"左联"召开的三次

会员大会，我都参加了的，我还自信我的记忆力不会坏到连这样一件大事也会忘记到一干二净的程度。当然，考虑到当时的历史的环境，发生这样的事也是有可能的。①

夏衍的疑问，确实事出有因。夏衍提出左联"初期"三次会员大会，即1930年3月2日成立大会、4月29日第二次盟员大会和5月29日第三次全体大会，②他都出席，却对除名郁达夫的表决"毫无印象"，这该怎么解释呢？因此，郑伯奇的两次回忆是否属实，必须寻找新的证据。

值得庆幸的是，左联关于郁达夫的表决留下了文字记载，白纸黑字，证据确凿，可惜夏衍生前未及看到。这个表决恰恰是在夏衍没有参加的左联第四次全体大会上作出的。1930年11月22日出版的中共中央机关报《红旗日报》刊出了一篇《左翼作家联盟第四次全体大会补志》，摘录如下：

本月十六日下午六时左翼（联）在会所开第四次全体大会，到会人数除联盟会员三十余人外，还有日本战旗社及中准会文化总同盟等代表多人参加。

首由主席作政治报告……

---

① 夏衍：《忆达夫》，《夏衍全集》第九卷，杭州：浙江文艺出版社，2005年，第581页。

② 关于左联三次会员大会，参见《中国左翼作家联盟的成立》(《拓荒者》，1930年3月10日第一卷第三期) 和《左翼作家联盟的两次大会记略》(《新地月刊》，1930年6月，即《萌芽月刊》第一卷第六期) 两篇报道。

嗣战旗代表报告……

旋由常委报告；大都是极严重的自我批评，例如过去脱开群众坐在亭子间创作和不参加组织生活，忽视经常的训练……等（此处的省略号为原文所有——笔者注），因此文化斗争不能起实际作用，所以过去的工作，那是没有什么好成绩。报告毕，开始讨论各提案，主要议决如下：（一）派代表参加广暴代表大会并加紧广暴工作——如印发传单，公开宣传集会等。（二）全体动员参加群众实际工作。（三）扩大工农兵通讯运动。（四）争取公开出版运动。（五）建立农村通信机关。（六）肃清一切投机和反动分子——并当场表决开除郁达夫。此外还有实际行动，决议多条不载录。……至十时始散会。①

这篇报道清楚地传达了一个信息，即左联第四次全体大会1930年11月16日下午6时在上海某"会所"举行，历时四个小时之久。在众多议程中，"常委"关于左联工作"自我批评"的报告颇为详细，而最后"议决"了六条决议，第六条是"肃清一切投机和反动分子——并当场表决开除郁达夫"。而与郑伯奇的两次回忆比对，不仅在大的方面，在具体细节上，也大致吻合。由此足以证明，郑伯奇的回忆是可靠的。左联就郁达夫会员资格进行正式表决确有其事，而且还不是表决

---

① 未署名：《左翼作家联盟第四次全体大会补志》，见上海：《红旗日报》，1930年11月22日。转引自《红旗日报》影印本。

"请他退出",而是"开除"!

有必要指出的是,鲁迅并未参加是次大会,1930年11月16日鲁迅日记云:"星期。晴。午后往内山书店买书一本,二元五角。下午蒋径三来。"左联"初期"四次会员大会,鲁迅总共只参加了二次,即1930年3月2日的成立大会和5月29日的第三次全体大会。①如果鲁迅出席了第四次全体大会,也许"开除"郁达夫不会付诸表决,或者是另一种表决结果?一切皆有可能,但历史不容假设。夏衍的质疑终于得以澄清。但夏衍披露的冯雪峰1960年的回忆仍然十分值得重视,左联第四次全体大会表决"开除"郁达夫时,并非意见一致,冯雪峰、柔石等四位左翼作家投了反对票。

通过以上辨析,1930年11月16日左联第四次全体大会表决"开除"郁达夫已无可怀疑。左联成立之初,左联成员中,郁达夫的文坛声名仅次于鲁迅,因此,"开除"郁达夫决非一件小事。而冯雪峰等反对这种轻率的关门主义做法,也为此后左联机关刊物《北斗》发表郁达夫作品,以实际行动纠正这个错误决议埋下了伏笔。

《北斗》月刊创刊于1931年9月,距左联"开除"郁达夫十个月。主编丁玲、郑伯奇、张天翼参与编务。②《北斗》

---

① 鲁迅日记1930年3月2日云:"午后……往艺术大学参加左翼作家联盟成立会。"1930年5月29日云:"午后往左联会。"

② 郑伯奇在《"左联"回忆散记》中回忆,《北斗》"由'湖风书店'出版,丁玲主编,我和张天翼等同志参加过编委"。《新文学史料》,1982年2月总第十四期。

共出版了二卷八期，不像在它之前出版的《艺术月刊》《文艺讲座》《沙仑月刊》《世界文化》等左联刊物，仅出了一期就无以为继。它比出版了六期的《萌芽月刊》时间还要长，实际期数与《前哨·文学导报》相等，[①]正如郑伯奇所说的："《北斗》是'左联'刊物中出版时期较长的一个。"[②]

《北斗》"出版时间较长"的原因，当然会有很多，但有一点是无论如何不能忽视的，很可能还是决定性的，那就是《北斗》与以往的左联刊物不同，《北斗》彰显了文学性，突出了作者的多样性。以往大部分左联刊物以发表宣言、声明、报告、决议等左翼文件为主，而《北斗》改为发表文学作品为主，而且在主要发表左翼作家作品的同时，也有意识地刊登不少非左翼的有影响的作家的作品。这是以前的左联刊物从未有过的文学新气象。

且举创刊号为例。创刊号发表的丁玲的小说《水》、蓬子的小说《一幅剪影》、白薇的剧本《假洋人》、隋洛文（鲁迅）的译文《肥料》（里琪亚·绥甫林娜作）、朱璟（茅盾）的评论《关于"创作"》、李易水（冯乃超）的书评《新人张天翼的作品》、寒生（阳翰笙）的书评《南北极》、董龙（瞿秋白）的杂文《哑吧文学》和《画狗吧》等，作者都是左联作家，乃至左翼文艺运动的领导人，这是题中应有之义。但同时也发表了

[①] 《北斗》出了 2 卷 8 期，第二卷第三、四期为合刊，总共出版七册。《前哨·文学导报》出了 1 卷 8 期，第六、七期为合刊，总共也出版七册。

[②] 郑伯奇：《"左联"回忆散记》，《新文学史料》，1982 年 2 月总第十四期。

冰心的诗《我劝你》、林徽音的诗《激昂》、徐志摩的诗《雁儿们》、陈衡哲的"小品"《老柏与野蔷薇》、叶圣陶的"速写"《牵牛花》和西谛（郑振铎）的评论《论元刻全相平话五种》。冰心、林徽音、徐志摩、陈衡哲、叶圣陶、郑振铎当时均在文坛上享有盛名，却又都不是左翼作家，徐志摩还曾被左联视为"敌人"，然而都在左联刊物的《北斗》上亮相了，这是前所未有的，令人意想不到。

不仅如此，1931年10月《北斗》第一卷第二期发表凌叔华的小说《晶子》，同年11月《北斗》第一卷第三期以头条位置发表沈从文的小说《黔小景》，都延续了创刊号的办刊思路，即注意刊登非左翼的文学名家的新作。到了同年12月，郁达夫的名字终于出现在《北斗》第一卷第四期上，他发表了"杂感"《忏余独白》，这是又一个令人注目的新讯号。

左联成立之后，郁达夫作为"发起人"之一，并非一事不做，至少他在左联刊物上发表过两篇作品，即刊于《大众文艺》1930年5月第二卷第四期"新兴文学专号"（下）的《我希望于大众文艺的》和刊于同刊1930年6月第二卷第五、六期合刊的《我的文艺生活》。《大众文艺》本是郁达夫创办的，自1929年11月第二卷起，郁达夫将该刊交由他创造社时期的同人陶晶孙接办。陶晶孙也是左联"发起人"之一，左联成立，《大众文艺》也就顺理成章地成为左联的刊物。从已经公开的郁达夫日记可知，郁达夫当时与陶晶孙关系颇好，来往甚多，他还引领陶晶孙拜访鲁迅。① 左联成立前夕，筹备小组特意委派陶晶孙和夏衍去征求郁达夫列名"发起人"的意见，显然是经过认真考虑的。而郁达夫能为已成为左联刊物的《大众文艺》撰稿，恐也与此不无关系。

然而，为左联机关刊物撰稿，且以已被"开除"出左联的敏感身份为之撰稿，毕竟大不相同。郁达夫在《忏余独白》中说得很清楚："沉默了这许多年，本来早就想不再干这种于世无补，于己无益的空勾当了。然而《北斗》说定要我写一点关于创作的经验，我也落得在饿死之前，再作一次忏悔。"也就是说，他为《北斗》写这篇《忏余独白》，并非是主动投稿，而是《北斗》的热情约稿。左联的机关刊物主动向已被"开除"出左联的作家约稿，这在左联历史上也是前所未有的。

除此之外，1932年1月出版的《北斗》第二卷第一期特大号发表一组"创作不振之原因及其出路"的征文，郁达夫又在被征之列，而且最快交稿，刊于征文首篇。鲁迅也写了有名的《答北斗杂志社问》。应征撰稿者除了茅盾、郑伯奇、陶晶孙、张天翼、沈起予、杨骚、寒生（阳翰笙）、建南（楼适夷）、华蒂（叶以群）、穆木天、蓬子等左联作家，还有叶圣陶、方光焘、徐调孚、邵洵美、周予同等非左翼作家和学者，丁玲则以主编的身份作了总结。其中戴望舒和陈衡哲发表

---

① 鲁迅日记1929年4月1日云："晚郁达夫、陶晶孙来。"是为陶晶孙首次拜访鲁迅。鲁迅日记记载陶晶孙四次拜访，有二次郁达夫在场。

的意见有点特别，戴望舒在《一点意见》的末尾说："我觉得中国的文艺创作如果要'踏入正常轨道'，必须要经过这两条路：生活，技术的修养。再者，我希望批评者先生们不要向任何人都要求在某一方面是正确的意识，这是不可能的事，也是徒然的事。"陈衡哲则在复丁玲的信中，一方面表示"我很惭愧不能有什么有价值的意见贡献给《北斗》"，另一方面又提问"你为什么不请陈通伯（陈西滢）写一点批评的文章呢？他是很好的。"显然都有所指，都有弦外之音。

作为左联机关刊物，《北斗》采取了与以往左联刊物完全不同的颇为开放的姿态，这是什么原因呢？关于《北斗》，主编丁玲生前未曾留下专门的回忆文字，但她晚年在另两篇文章中对这个问题作出了富于启示的解答。

第一篇是她1981年8月3日在长春纪念鲁迅诞辰一百周年学术研讨会开幕式上的发言《我便是吃鲁迅的奶长大的》，其中有这么一段：

> 《北斗》是左联的机关刊物，是鲁迅领导下的刊物。我是遵照他的意见办事的。杂志开始比较灰色，但团结了各方面的知名作家，发表他们的作品，这都是按照鲁迅的意见办的。[1]

---

[1] 丁玲：《我便是吃鲁迅奶长大的》,《丁玲全集》第八卷，石家庄：河北人民出版社，2001年，第205页。

第二篇是她1983年5月30日完稿的《我与雪峰的交往》，文中以更多的篇幅较为详细地回顾了她主编《北斗》的过程：

（党组织）要我留在上海，编辑《北斗》。为什么要我来编呢？因为我在左联没有公开活动过，而且看起来我带一点资产阶级的味道，虽说我对旧的社会很不满，要求革命，但我的生活、思想、感情还有较浓厚的小资产阶级的味道。叫我来编辑《北斗》，不是因为我能干，而是左联里的有些人太红了，就叫我这样还不算太红的人来编辑《北斗》。这一时期我是属冯雪峰领导的。《北斗》的编辑方针，也是他跟我谈的，尽量地要把《北斗》办得像是个中立的刊物。因为你一红，马上就会被国民党查封。如左联的《萌芽》等好几个刊物，都封了。于是我就去找沈从文，当时沈从文是"新月派"的，我也找谢冰心、凌叔华、陈衡哲这样一些著名的女作家。这在当时谁也不会相信她们是左派。所以《北斗》开始几期，人家是摸不清的。撰稿人当中有的化名，外人一时也猜不着是谁。瞿秋白在这里发表不少文章就是用的化名。我编《北斗》有没有受到过左的干扰呢？有，我记得有些时候，有的文章，一发出去同我们原来想的好像有抵触。这不是又暴露了吗？我们原来不想暴露《北斗》是左联办的，但这种文章一发出去，就暴露了。结果，原来给我们写文章的一些人就不再给我写文章了。像郑振铎、洪深这一些老作家，本来是参加左联的；郁达夫，第一次左联开会有他，在这个时候，都不晓得到哪里去了。这时候，雪峰提出：还要想办法把这些人的文章找来。于是，我们想出个题目：请你们谈一谈对现在创作的意见——征文，这样有些人的名字又在《北斗》上出现了，显得我们这个刊物还是和很多著名作家有联系。那个时候冯雪峰在左联当书记，后来他调到文委工作，但是他还经常关心过问《北斗》的事。①

丁玲这两段回忆在史实上略有出入。洪深确是左联成员，但郑振铎并未加入左联，郁达夫也未参加左联"第一次开会"（即左联成立大会）。尽管如此，这两段文字仍具有很重要的史料价值。从中可知《北斗》的编辑方针自始至终得到了鲁迅和冯雪峰的指导，特别是冯雪峰，当时正担任左联党团书记，②丁玲在他直接领导下编辑《北斗》。主动约请有影响的非左翼作家为《北斗》撰稿，把《北斗》"办得象是个中立的刊物"，其实都是冯雪峰的主意。这固然是应对国民政府高压政策的策略，但显然也有纠正"左"联内部左的关门主义，团结一切可以团结的作家的长远考虑在，显示了《北斗》主办者较为阔大而非狭隘的政治视野和文学眼光。而当初左联"开除"郁达

---

① 丁玲：《我与雪峰的交往》，《丁玲全集》第六卷，石家庄：河北人民出版社，2001年，第270页。
② 参见王锡荣：《左联领导机构及任职考》，《新文学史料》，2015年2月第一百四十六期。

夫，冯雪峰就表示了反对，《北斗》一再发表曾被斥为"投机和反动分子"的郁达夫的作品，其良苦用心也就完全可以理解了。

总而言之，在左联出版的所有刊物中，《北斗》办得最有特色，文学性强，包容性也大，可以视为左翼作家建立文学统一战线的最初尝试，应在左联史上占有特殊的地位，在1930年代上海文学史上也应占有较为显著的一席之地。因此，在纪念左联成立八十五周年之际，重新梳理左联"开除"郁达夫的来龙去脉，重新评估冯雪峰、丁玲等编辑《北斗》的历史功绩，对更全面、客观地审视左联的功过得失，不是没有益处的。

（原载2015年8月《上海鲁迅研究》2015·夏号）

柳亚子与郁达夫

一

一代诗宗柳亚子,曾被茅盾誉为从"前清末到解放后这一长时期内在旧体诗词方面最卓越的革命诗人","柳亚子的诗、词反映了前清末年直到新中国成立后这一长时期的历史——从旧民主主义革命到社会主义革命的历史,如果称它为史诗,我以为是名副其实的"。作为南社盟主,柳亚子自然与众多旧体诗人时相过从,但他与不少新文学家也有亲密交谊。早在1931年,柳亚子就作有七绝《新文坛杂咏》十首,对鲁迅、郭沫若、茅盾、叶圣陶、田汉、蒋光慈、阳翰笙等人的文学成就推崇备至。近年来,国内外学术界常有人以"鲁迅与柳亚子""郭沫若与柳亚子""田汉与柳亚子"等为题撰文,唯独对于柳亚子与郁达夫的交往,至今无人提及,这是一件憾事。其实柳亚子与郁达夫的交情也颇为深厚,这两位爱国诗人不但在诗艺上互相切磋唱和,在反对当时当权者高压政策的斗争中也携手并进。

柳亚子与郁达夫何时结识，现在尚未找到确切的文字记载。据柳无忌的《柳亚子年谱》，1926年5月，柳亚子到广州出席国民党第二届中央执、监委员会第二次全体会议，初识郭沫若。当时郭沫若任广东大学文科学院院长，郁达夫则任广东大学文科学院教授兼英国文学系主任。所以，从常理推测，柳亚子与郁达夫首次见面很可能也在这一时期。

大革命失败后，柳亚子和郁达夫同住上海，两人的交往开始密切起来。郁达夫对柳亚子的诗词造诣十分佩服，常将自己的诗作呈请柳亚子指正。1931年深秋，郁达夫因事北上，途中作《北征杂感》两首，一为《过南京》："伤心忍见秣陵秋，梁燕争棋局未收。一着何人输始了，平西耿尚不同仇。"另一为《过徐州、济南吊十四人》："秋风秋雨遍地愁，戒严声里过徐州。黄河偷渡天将晓，又见清流下浊流。"诗中对当时的当权者先在"济南惨案"，继在九一八事变中对日本侵略者卑躬屈膝表示了极大的愤慨。诗成后，郁达夫即寄给柳亚子看，柳亚子读后大为欣赏，曾多次出示来访的友人。后来章衣萍把这二首从柳亚子处抄录的诗记入他的《随笔三种·风中随笔》，使之进一步流传开来。1930年12月，郁达夫的小说、散文集《薇蕨集》（《达夫全集》第6卷）由上海北新书局出版，书前原有作者的一篇《题辞》，文中说："三四年来，不晓为了什么，总觉得不能安居乐业，日日只在干逃亡窜匿的勾当。啊啊，财聚关中，百姓是官家的鱼肉，威加海内，天皇乃明圣的至尊；于是腹诽者诛，偶语者弃市，不腹诽不偶语者，也一概格杀勿论，防患于未然也，这么一来，我辈小民，便无所逃于天地之间了。"显而易见，这段话触犯了当时的当权者，结果出书时只能被迫把这篇题辞抽去。柳亚子读了《薇蕨集》并了解到题辞所遭的厄运后，颇为慨叹，即作七绝一首书赠郁达夫，诗曰："妇人醇酒近如何？十载狂名换苎萝。最是惊心文字狱，流传一叙已无多。"

郁达夫对这首诗很是喜爱，1933年4月迁居杭州后，曾把它装裱悬挂在客厅里。钟敬文在《郁达夫先生的印象》一文中对此有具体的描绘：郁达夫在杭州场官弄的"房子，是江浙一带旧式的建造。厅堂底前面，有着狭长的天井。厅堂挂着些字画底条幅。中间底一幅字，是柳亚子先生底手笔。写的是他自作的赠给达夫先生的一首绝句……这首诗，倒是说得和达夫先生底身份心情很相称的"。不仅如此，同年11月，郁达夫应杭江铁路局之邀去浙东游览，在参观诸暨苎萝山西施庙时，应管庙者之请，写了一副集句对联，上联是龚定庵的"百年心事归平淡"，下联就是柳亚子这首赠诗中的"十载狂名换苎萝"，郁达夫还说："亚子一生，唯慕龚定庵的诡奇豪逸，而我到此地，一时也想不出适当的对句，所以勉强拉拢了事，就集成了此联。"

从鲁迅的日记和书信中也可以找到柳亚子与郁达夫来往密切的记载。1932年12月，郁达夫请鲁迅书写二幅自己的诗，鲁迅写了《答客诮》和《无题》（"洞庭木落……"），翌年1

月10日鲁迅致函郁达夫,信中说:"字已写就,拙劣不堪,今呈上。并附奉笺纸两幅,希为写自作诗一篇,其一幅则乞于便中代请亚子先生为写一篇诗,置先生处,他日当走领也。"很清楚,如果郁达夫与柳亚子关系一般,只是泛泛之交,鲁迅是不会请郁达夫代劳的。郁达夫接鲁迅信后即请柳亚子挥毫,同月19日,郁达夫就亲自把自己和柳亚子写的诗笺送达鲁迅寓所了。柳亚子诗曰:"附势趋炎苦未休,能标叛帜即千秋。稽山一老终堪念,牛酪何人为汝谋。"郁达夫诗是步柳亚子韵:"醉眼朦胧上酒楼,彷徨呐喊两悠悠。群氓竭尽蚍蜉力,不废江河万古流。"两首诗都高度评价鲁迅的功绩,都曾传诵一时。

更为重要的一件事是1932年10月5日,郁达夫为其兄郁华调任上海江苏高等法院刑庭庭长在上海聚丰园举行晚宴,特意邀请鲁迅夫妇和柳亚子夫妇出席,可见郁达夫对鲁迅和柳亚子的尊重。鲁迅在席间因"闲人打油,偷得半联",后又"凑成一律",书赠柳亚子,这就是著名的《自嘲》诗,从而成为鲁迅、柳亚子、郁达夫三位大作家之间的一段佳话。

除此之外,柳亚子和郁达夫的友谊还体现在两人在反对当时当权者的斗争中互相配合,互相支持。1932年7月10日,为了营救正在南京狱中绝食的泛太平洋产业同盟秘书牛兰夫妇,由郁达夫发起在上海虹口某酒家举行作家茶话会,柳亚子闻讯亲自到会,会上通过了致南京政府行政院长汪精卫,司法院长居正和司法部长罗文干的请愿电:"牛兰夫妇绝食,危在旦夕，请立即释放，以重人道。"柳亚子在请愿电上领衔签名，郁达夫名列第二，柳亚子后来在《鲁迅先生九周年祭》一文中曾专门提到此事。翌年，左联为募集活动经费，让楼适夷以天马书店名义出面约请一些著名作家撰写创作经验，出版专集，柳亚子并非左联成员，郁达夫已被左联"开除"，却都以满腔热情撰写了文章，而且不取稿酬。同年5月，作家丁玲和潘梓年在上海被捕，柳亚子又和郁达夫一起在蔡元培领衔的致汪精卫、罗文干的营救电上签名，电文说："丁、潘二人，在著作界素著声望，于我国文化事业，不无微劳。元培等谊切同人，致为呼吁，尚恳揆法衡情，量予释放。"郁达夫移家杭州后，与柳亚子的接触不似以前那么频繁了。抗战爆发，柳亚子颠沛流离于上海、香港、桂林、重庆等地，郁达夫投荒炎海，最后以身殉国，两位诗友竟不能再谋一面，令人痛惜。但他们在上海时期的动人友谊是值得我们今天回顾和追索的。

二

一年前，我在香港《文汇报》上发表过一篇《柳亚子与郁达夫》，近日翻阅刚问世的《磨剑室诗词集》和柳亚子《书信辑录》（均为上海人民出版社版），发现那篇文章介绍两人交往历史，尚有不少遗漏，内心不免惴惴，于是续写数则，以为补充。

《达夫全集》第6卷《薇蕨集》于1930年12月由上海北

新书局出版，书前原有《题辞》一篇，短短200字，讽刺时政，颇为犀利。不料出书时被抽去，仅存目。几十年来人们一直以为此事是当时当局所为，这次读新披露的柳亚子七绝《题〈薇蕨集〉》原注，始知事实并非如此。原注云："集有自序，极隽永，刻成后遭书局毁弃，盖惧其贾祸也。"原来书店胆小怕事，唯恐惹祸，故而抽去《题辞》，尽管书店之惧仍源于当时当局推行的高压政策，但两者毕竟不可混为一谈。

达夫1933年4月举家移居杭州，一时陶醉于湖光山色之间。翌年1月，柳亚子有杭州之行，作杂诗58首，中有一首即为达夫伉俪而作，诗曰："欲访诗人郁达夫，云封仙境恨模糊。卓家窈窕应无恙，近日西湖烂醉无。"又有注云："拟访达夫、映霞，忘其寓址不果。"真是不巧，否则两位诗友又可在西子湖畔浮一大白，杯酒唱和，为我们留下精彩诗篇了。

柳亚子与达夫长兄郁曼陀是南社老友。九一八事变前夕，时任沈阳最高法院刑庭庭长的曼陀拒绝日寇威逼利诱，化装只身逃回关内，途中作七律《辛未中秋渤海舟中》，首句就是"忍见名城作战场"，对日寇入侵极为愤慨。八年之后，曼陀在江苏高等法院第二分院刑庭庭长任上遭汉奸暗杀，柳亚子闻讯，异常悲痛，即作《悼郁曼陀追步其辛未中秋渤海舟中韵》，中有"故交几辈光盟社，难弟频年负酒觞"句，注云："君为南社旧人，九一八后弃官自辽沈归，始于介弟达夫席上相见。顷达夫远走南溟，而君复以身殉国，悲夫。"不但哀悼曼陀，也怀念投身炎荒的达夫。注里所说"于介弟达夫席上相见"，当指 1932 年 10 月 5 日，达夫为曼陀到上海就职而举行的有名的聚丰园之宴，鲁迅和柳亚子均应邀出席，并由此产生了鲁迅那首脍炙人口的七律《自嘲》。

柳亚子 1932 年 7 月 11 日致友人姜长林信中说："昨天晚上光华书局请我吃饭，看见了许多旧朋友，很为难得。结果被他们拖牢了做一件事，又在报上露脸，怕和我个人前途不利吧，哈哈！"信中所说指当时被南京当局逮捕的"泛太平洋职工会秘书"（实为第三国际东方局代表）牛兰夫妇在狱中绝食抗议，上海文化界著名人士在光华书局宴席上议定，联名通电南京当局"请立即释放"牛兰，"以重人道"。8 月 1 日出版的《现代》第 1 卷第 4 期对此作了专门报道。而这次联合行动的发起人不是别人，正是郁达夫。因柳亚子年高望重，通电由其领衔，第二名即郁达夫。鲁迅也曾与会，但因故未在通电上列名。柳亚子后来多次在诗文中提及此事，如 1949 年 12 月为王重民作七绝《追和鲁迅先生赠诗》的注中就说："一二八后，以党人牛兰夫妇被捕绝食事，达夫发起，在沪上文化界联名致电蒋政府司法院长居正，主持正义"，念念不忘达夫见义勇为。

（原载 1985 年 1 月 8 日香港《文汇报·笔汇》、1986 年 4 月香港《明报月刊》第 244 期）

林语堂、郁达夫友谊的新见证

中国新文学著名作家林语堂和郁达夫之间的友谊，凡是熟悉现代文学史的人，大都耳熟能详。两人自 1923 年春在北京订交之后，举其荦荦大者，如数年后林语堂与鲁迅发生龃龉，郁达夫居间调停；又如林语堂 1930 年代创办《论语》，郁达夫不但积极参与其事，后来还接任主编；再如林语堂的长篇代表作《京华烟云》专诚委托郁达夫译成中文，虽然郁达夫所译的最初几章至今未能找到，凡此种种，都堪称现代文学史上的佳话。笔者最近新发现的一篇郁达夫佚文，又为林、郁友谊增添了新的见证。

郁达夫此文原载 1930 年 6 月 1 日上海《开明》周刊第 2 卷第 12 期，题为《关于〈开明英文读本〉的话》，是用与林语堂通信的形式发表的，照录如下：

语堂先生：

送我的《开明英文读本》三册，及《英文文学读本》一册，都已拜读过了。这几本读本，我觉得是看过及用过的各种教本中最完善的东西。要证明我这话的不是胡说，我只须举几点很简略的特点出来就可办到：

第一，发音的正确，这是谁也不会轻易看过的一件很明显的事实。

第二，一步一步的渐进程序的安排，真是妥当而又新俊，使学者能于最短时间中得到长足的进步。

第三，取材的有趣而合乎时宜。第二第三册里的故事，与文学读本里的短篇，都是津津有味的读物，与干燥平凡的轶事之类完全不同。

以上约略举出的三点，就尽够证明《开明英文读本》的价值了。其他如练习课题的周到，生字注解的详明之类，说起来恐怕有半天好说，这些好处让读者自己去称赞去罢，我在这里先要代替中国几千万的中学青年向林先生致一个最诚恳的谢礼。

弟　郁达夫上

众所周知，林语堂精通英文。他应开明书店之约，为初中学生编写的《开明英文读本》共三册，由丰子恺绘画，1928年8月初版，立即为国内各中学竞相使用，以后多次再版，"风行海内"。1930年3月，林语堂为高中学生编写的《英文文学读本》又在开明书店问世，当时的报刊更誉之为"高中适用之佳本，自修英文之良师"。

据现已公开的郁达夫日记 1930 年 3 月 31 日记载："午饭后去访林语堂氏，赠以 Middleton Murry 的 Countries of the Mind 一册。林赠我以英文读本若干册，嘱为写一批评，当于暇时写好给他。"可见这篇佚文约写于是年 4 月初。对郁达夫来说，老友所嘱，能不从命？何况这两部教材确实是当时同类教本中"最完善"的。此文虽然短小，却列举林语堂教本的三大优点，充分肯定它们的教学价值，可谓要言不烦，既实事求是，又洋溢着对老友的真挚情谊。

《开明英文读本》和《文学读本》是当时全国最畅销的中学英文教科书，林语堂也因此成为著名的英文教育家。可以毫不夸张地说，受这两部教材恩泽的莘莘学子有整整几代人。现还健在的当年的中学生，在林语堂 95 岁冥诞之际，见到郁达夫这篇埋没多年的佚文，知道了这段鲜为人知的动人史实，想必也会感慨万千的吧？

（原载 1990 年 10 月 10 日台北《"中国时报"·人间》）

郁达夫译《瞬息京华》

林语堂长篇小说代表作《瞬息京华》（一译《京华烟云》）委托郁达夫翻译的始末，郁嘉玲女士已有专文评述，[①]但达夫到底翻译了多少，这还是一个谜，值得进一步探究。

4年前，林语堂长女林太乙在台湾公布了一批著名画家徐悲鸿1940年代初从新加坡写给林语堂的信，其中有一封写于1941年11月17日的信对达夫翻译《瞬息京华》的情况介绍甚详，现引录如下：

> 昨日特与郑兄往访郁达夫兄，据说尊著（《京华烟云》）译完大约三十万字，彼已有十分之一，发表于此间《华侨周刊》者殆两万字，闻至来年五月可以全部译成。弟乃以尊址与之，彼日内将有书致兄说明一切，译文亦由彼直接邮寄左右。彼今在《星洲日报》副刊编辑兼编《华侨周刊》，甚为

[①] 参见郁嘉玲：《郁达夫与〈瞬息京华〉》，《我的爷爷郁达夫》，北京：昆仑出版社，2001年5日初版。

忙碌，以弟观之，明年五月必不能完工也。三千条注之原书弟等皆阅览，良佩兄之精力。

看来林语堂当时对郁达夫因婚变和编务繁忙迟迟未能译完《瞬息京华》很焦急，所以才写信托徐悲鸿催问。当然，郁达夫也决不想爽约，他于1941年5月接编新加坡英殖民政府情报部主办的《华侨周报》，据《星洲日报》的广告，同年8月30日《华侨周报》第22期就开始连载他译的《瞬息京华》。从徐悲鸿的信中又可得知，至1月中旬，达夫已译完约30万字（接近全书一半篇幅），而且还发表了约2万字。如果假以时日，达夫完全有可能译完全书，中国现代文学史上又将出现一部新的名著名译，可惜不久太平洋战争爆发，《华侨周报》于12月27日出版了第2卷第13期后被迫停刊，因此达夫在该刊连载的《瞬息京华》最多只有3万字左右。

《瞬息京华》是郁达夫生前的最后一部译稿，但已译完的30万字手稿下落不明，想必已毁于战火，而已发表的那部分由于《华侨周报》宣传抗日，新加坡沦陷时期遭日本侵略者严禁，今日新加坡、英国和中国大陆各大图书馆竟均未入藏，以至我们也无法窥见其精美的译笔，这实在是个无可挽回的损失！

（原载1991年11月20日成都《读书人报》）

［附记］1995年10月，笔者应邀赴台参加林语堂诞辰100周年学术研讨会。会后在参观台北市立图书馆时，承台湾现代文学史料学家秦贤次兄告知，林语堂女儿、《读者文摘》前主编林太乙先生此次自美返台后，把寄存在原《读者文摘》中文版编辑室的一箱她父亲遗留下来的旧书刊资料捐赠台北市立图书馆。秦兄协助林太乙在捐赠前初步整理了这批书刊资料，其中有郁达夫的《瞬息京华》译文。郁达夫的这些译文应该就是徐悲鸿信中所说的由达夫直接寄给林语堂的已在《华侨周报》连载的这部分《瞬息京华》译文，这是海内外仅存的孤本了。笔者期待台北市立图书馆早日公布郁达夫这部分译文，这对郁达夫研究的意义是不言而喻的。

1997年3月28日

语堂故居与达夫译文

2015年4月29日，趁到台北参加"夏志清纪念研讨会"之便，我二上阳明山，重访林语堂故居。

说"重访"，当然有初访。1994年10月，首次到台北参加林语堂诞辰100周年学术研讨会，会后初访林氏故居。整整21年过去了，印象已很模糊。此次重访，对故居丰富的陈列仍然充满兴趣。

故居落成于1966年，时内地正轰轰烈烈进行"文化大革命"。此次重访才得知，故居竟然由林语堂亲自设计，建筑师具体执行。林氏提倡"生活的艺术"，故居以中国四合院的架构，糅以西班牙式庭院布局，东西风格兼具，古典美与现代感相融合，用林氏自己的话说，就是"宅中有园，园中有屋，屋中有院，院中有树，树上有天，天上有月，不亦快哉"。

林语堂在此会友、宴客、读书、写作，白天远眺台北市容，入夜观赏月下华灯，度过了生命的最后十年，并长眠于屋后小园。我穿行在挂着"有不为斋"横幅的客厅，以及书房和卧室，仿佛见到口衔烟斗的林氏，正在撰写"无所不谈"的幽默之文，或在编订《林语堂当代汉英辞典》，完善"明快中文打字机"……

特别值得注意的是，书房和史料特藏室中展示的众多林语堂手稿、著译版本和中英文藏书。林氏谢世后，其夫人和女儿分数次向台北市立图书馆分馆"林语堂先生纪念图书馆"捐赠林氏手稿、藏书和遗物等。犹记1994年10月在台北与林太乙女士见面时，承她亲告，她向台北市立图书馆捐赠的书刊尚在整理中，她清楚地记得其中有1941年郁达夫主编的新加坡《华侨周报》。

1939年11月，林语堂所著英文长篇《瞬息京华》（现译《京华烟云》）在美国出版，好评如潮。林氏委托老友郁达夫把此书译成中文，郁氏的译文从1941年8月起在新加坡《华侨周报》连载，这有当时新加坡《星洲日报》刊登的该刊每期目录为证。可惜是年12月太平洋战争爆发，新加坡沦陷，《华侨周报》停刊，郁氏译本的连载也被迫中断。多年来，我一直在海内外寻找《华侨周报》，以求打捞郁译《瞬息京华》已刊部分，却一无所获。因此，当年林太乙女士提供的这条线索，令我大为惊喜。《瞬息京华》译本在《华侨周报》连载后，郁达夫把刊物按期寄给林语堂，是题中应有之义。而林氏生活相对稳定，把刊物保存下来的可能性也极大。过了这么多年，"林语堂先生纪念图书馆"的林氏藏书（现已全部移交故居保管）想必早已整理完毕，《华侨周报》应可重见天日了吧？

有鉴于此，此次重访故居，我特向管理人员咨询，希望奇迹能够发生，不料得到的答复令人失望之极，林氏藏书中，最终并没发现《华侨周报》！难道林太乙女士记忆有误？但是她也已谢世，无法再求证了。《华侨周报》下落的唯一线索到此中断，成了一个难以破解之谜。也许郁达夫翻译的《瞬息京华》已刊部分真的失传了，这实在是中国现代文学史上一件令人痛心的憾事。

（原载 2015 年 9 月 26 日《文汇报·笔会》）

郁达夫在新加坡活动考略

笔者与王自立先生合编的《郁达夫研究资料》（上下册）出版后，承海内外学者多所评价和指正，衷心感铭。其中，姚梦桐先生的《郁达夫研究资料补遗》[①]，更是对拙编中《郁达夫生平活动大事记》所漏列的郁达夫寓居新加坡期间的各项活动作了详细的补正。但是，由于新加坡国立大学图书馆所藏《星洲日报》不全，姚先生文章对郁达夫1941年10月以后在新加坡的活动仍暂付阙如。笔者最近有幸查阅1941年10月至1942年1月的《星洲日报》[②]，对郁达夫这段时间内在新加坡的活动，有不少新的发现，现略加整理，披露如下，作为对拙编中《郁达夫生平活动大事记》和姚先生文章的一个补充。

1941年

10月15日　出席平剧研究社理事会会议，讨论将于11

[①] 姚梦桐：《郁达夫研究资料补遗》，新加坡《南洋学报》，1984年第39卷第1、2期。

[②] 现藏北京图书馆。

月举行的援英义演方案和参加柔佛平社成立义演事项。

10月16日　出席中国驻新加坡总领事高凌百在总领事馆为欢迎《星洲日报》新主笔潘公弼到任而举行的晚宴。

10月21日　自本日起，以"孤客"笔名在《星洲日报晚版·繁星》连载读报札记《报海一勺》。

10月25日　下午出席新加坡各大侨团、文化机关及各界名流假漳州会馆举行的追悼许地山筹备会议，并列名为追悼大会发起人。

10月27日　潘公弼在《星洲日报》"社论"栏发表《敬告读者》，正式就任主笔职务，郁达夫为《星洲日报》撰写社论的工作至此告一段落。

10月30日　下午假爱华音乐戏剧社发起举行郭沫若五十诞辰祝寿筹备会议，讨论各项庆祝办法。

11月9日　上午出席在中华总商会礼堂举行的"星华各界追悼许地山先生大会"，并宣读大会祭文。

11月15日　主编的《星洲日报·晨星》出版郭沫若诞辰五十周年纪念特刊。晚主持假南天酒楼举行的星华文化界庆祝郭沫若诞辰聚餐会并致词，聚餐会后又出席假爱华园地举行的游艺会并致词。

11月20日　在《星洲日报·晨星》发表散文《郭诞过后》。

12月9日　因太平洋战争爆发，主编的《星洲日报·晨星》和《星洲日报晚版·繁星》于本日停刊。

12月13日　在《星洲日报》上领衔发表《星华文艺工作者为保卫马来亚告侨胞书》，号召各界华侨"向日本法西斯展开无情的斗争"，"英勇地冒着敌人的炮火前进"。

12月26日　《星洲日报》发表《星华文化界战时工作团宣言》和《简章草案》，列名为发起人之一。

12月27日　下午出席假中华总商会举行的新加坡侨团代表大会，大会议决成立以陈嘉庚为首的新加坡华侨抗敌动员委员会。主编的《华侨周报》于本日出版第2卷第13期后停刊。

12月28日　上午主持假爱同学校举行的星华文化界战时工作团最后一次筹备会议。下午出席星华文化界战时工作团成立大会，被推为大会主席并致词，要求"联合文化界力量，发挥战时工作效能"。被大会选为战时工作团理事和大会宣言起草人之一。

12月29日　上午出席假爱同学校召开的星华文化界战时工作团第一次理事会议。

12月30日　下午出席假爱同学校召开的新加坡文化界联席会议，被推为大会主席并致开会词，强调"敌人已至门口，吾人务以迅速步骤，完成组织，一致动员，共同抗敌"。继报告各文化团体座谈会结果，提出文化界出任抗敌动员委员会执行委员名单，并被选为执行委员之一。还被选为星华文化界抗敌联合会文艺学术界推动委员和筹备工作召集人。

12月31日　下午出席假爱同学校举行的星华文化界抗敌联合会文艺学术界推动委员会议。

1942 年

1月6日　下午出席假爱华音乐社举行的星华文化界抗敌联合会成立大会，被推为大会临时主席，致开会辞，并被大会选为抗敌联合会理事和常务理事。

最后必须指出，笔者所见1941年10月至1942年1月的《星洲日报》残缺相当严重，因此这份考略肯定还有很多遗漏，希望海内外学者进一步补充，俾使我们对郁达夫在新加坡期间的工作和生活了解得更为全面，对郁达夫在新加坡的文学活动和反法西斯斗争的意义评价得更为充分。

（原载1986年1月19日新加坡《联合早报星期刊·星期文艺》）

第三辑　研究史回顾

刘延陵忆郁达夫

1983年初,我与王自立先生合作编集一本《回忆郁达夫》,广约海内外与郁达夫有过交往的各界前辈撰文,意在为郁达夫研究保存若干重要的史料。远在新加坡的五四诗人刘延陵与郁达夫在星洲时期时相过从,自然也在被约之列。刘老不顾年事已高,极表支持,一口允诺。不料没过多久,刘老身体违和,一时难以完稿,万不得已在7月12日致我的信中表示:"前承命写忆郁文,本乐予附骥。奈因俗事太多,屡次执笔愆期,实觉抱歉万分。迁延至六月底,决心拂尽琐务,一意属稿,且已草成数页,继续前进。不料忽患重伤风,寒热交作,卧床十日,今体温虽已如常,而咳嗽余波未尽,并且神疲力倦,无力构思,不知何日才能复原。如再求展期,固然没法启齿,且恐因此拖延尊书出版之日期,更加愧对。"因而提出豁免供稿的要求。我以为以刘老与郁达夫的交谊,拙编缺少他的大作,未免可惜。恰巧当时也在新加坡的郑子瑜先生得知此事,就自告奋勇,于该年12月4日走访刘老,又根据刘老的回忆亲到新加坡虎豹别墅勘查，整理完成了一篇关于郁达夫的谈话记录。但刘老翻读之后，在感谢郑先生之余，觉得还需再作补充修改，嘱我暂勿收入拙编。为尊重刘老本人的意愿，我只得照办，尽管不无遗憾。

这份记录稿就这样在我手头一搁就是6年。去年10月18日，刘老在新加坡溘然长逝，噩耗传来，令人深感悲痛。今年11月上旬，郑子瑜先生来上海，我们谈起刘老对中国新诗运动的卓越贡献，也谈到刘老母校复旦大学的出版社有出版刘老诗文集的打算，我就想起了这份记录稿。刘老晚年很少动笔，这份记录稿虽然刘老生前未及修改，不能看作最后定稿，但毕竟是根据刘老口述整理而成，披露了一些鲜为人知的史料，仍然很值得重视。经与郑先生商量，不敢永藏私箧，决定将其公之于世，供海内外的中国现代文学研究者参考。刘老如果泉下有知，想必也会首肯的吧？

下面就是这份记录稿的全文：

达夫先生和我同是五四时期的作者，他是创造社的健将，我只是文学研究会的一个小兵。他擅写小说、游记和旧体诗，风靡文坛数十年，我只写了几首新诗，凑凑热闹。也许是如叶圣陶先生所说的推理法那样吧，那时候的暨南大学负责人，以为我会写作必定会教书和批改习作，于是邀请我在暨大执教，这一教竟教了许多年。不幸我因为用脑过度，脑子出了毛病，不时发痛，医生劝我不可再教书，同时也应该少写作或是停止写作,理由是教书和写作,都要煞费脑力,会加重我的病情。又劝我最好从事于劳力多而劳心少的工作。这虽不至于宣布我的死刑那样可怕,却也是可悲的事。作为一个新时代的作者,对劳动该是热爱着的,无如我到底是文弱书生一个,又怎能从事于劳力的工作呢?

然而我终于辞去了大学的教席,想找一份虽劳心又不太劳心的工作来维持生计,我自问对英文的读解能力还过得去,于是立下决心,要在我的有生之年,从事中英文的对译工作。我以为这工作是现成而又有所依据的,不必像写新诗那样须着意构思自立天地,也不必像教书那样须费尽心机绞尽脑汁(指批改学生的习作)。可是在那时候的中国,要找个搞翻译的差事也着实不容易,结果我在中日战事爆发之前,便独个儿渡海来到了马来半岛。

当时的新加坡和马来西亚还是英国的殖民地,华人聚居在这儿可以"夥颐"两个字来形容,要找一份翻译的工作,自然比在国内容易。可是,也可以说是机缘未至吧,我初到北马,却并不当翻译,而去做了几年中小学校长。校长只办行政,比较呆板,可以不必多费脑力,所以也算是能符合医生的指示,并不违背我的择业的准则。后来我进了星洲日报社编译电讯稿,始与达夫先生共事数年。

新加坡西海岸高地上的虎豹别墅,原是星系报业创办人胡文虎、文豹兄弟的产业,却开放让游客游赏。别墅中有一座名为"挹翠"的拱形石牌坊,两旁共有长短不齐的四支石柱，报社主人要达夫先生撰写两副对联，镌刻于石柱上，达夫先生稍一构思，便写成了。那较短的一副是：

天半朱霞，云中白鹤；

山间明月，海上清风。

那较长的一副是：

爽气自西来，放眼得十三湾烟景；

中原劳北望，从头溯九万里鹏程。

别墅中另有一座不题名的石牌坊，两旁各有一支石柱，达夫为它而题的对联是：

万水汇归，环海银涛收眼底；

金樽共赏，前山翠黛展峨嵋。

达夫先生曾将这十三字句的对联拿来和我推敲，大约也是出自"想当然耳"的推理法吧，他以为我会写诗一定懂得做对子，又一定可以替他的对子提意见和加以润色。自虎豹别墅俯瞰，是九曲十三湾的山坡小道，烟雾迷茫，这当是"放眼"的一句所出。下联可以看出达夫先生对祖国的热爱，以及缅怀过去，瞻望前程的情愫。依我的经验，作者拿他的作品来向你请教，有的意在炫耀自己的文笔，有的希望得到你的赞赏，若你真的提出意见，以为某句某字应该如何修改，那他准会愤然失色，拂袖而去。达夫先生可不是这样，他是真心诚意拿他的对子来和我推敲的，他衷心希望我能提出意见。我以为他这副对联实在写得确到好处，所以只有激赏，未提意见。他似乎感到不满足，这是达夫的虚心和诚实处。

达夫从不恃才傲物。没有和他共事的人，还以为他放浪不羁，凡事随随便便，草草率率。其实，他做事是何等的认真，多么的负责哩！我编电讯，每天下午六时到报社办公，深夜一时停止接收电讯，编辑竣事，已是二时光景了。回到家里（我那时住在俊源街，达夫住在中谷鲁路），往往直到四时能入睡。达夫编副刊，每天几时到报社，我不大清楚，但我到了报社，他还没有回去。有一个时期，达夫兼任总编辑，须写社论，晚上就和我一样一直工作至深夜二时左右，看了大版，才得归去。他是真的把事情当作事情来办的，他把自己看作是一个普通的人，从来不会高自位置，而在这拜金主义挂帅的新加坡，人们看郁达夫不像个郁达夫，只有极少数的文化界人士，才会对他有几分敬意，也特别看得起他。

达夫先生的爱国热情是经得起考验的。他对日本作家佐藤春夫原是十分敬佩，可是后来他得知佐藤春夫为文歌颂日本皇军侵华的所谓"圣战"，他对这位日本著名的小说家立刻由敬佩变成鄙视了，他写了一篇《日本的娼妓与文士》对佐藤春夫作了无情的抨击。有一天，我们报社有一位同事悄悄离职，到南京去参加汪逆精卫的伪政府，当了汉奸。达夫敌我分明，对他很是不齿，从此不再提起他的名字。

达夫常常向我打听祖国抗战的消息，如果是前线胜利，他便欣喜若狂，以为从此可以乘胜追击敌军，收回所有的失地，直捣黄龙，好让大家痛欢庆祝一番。若果是前线失利，或是敌军奸淫妇女，屠杀同胞的消息让他知道了，他便悲愤不欢，连续几个钟头。最使我不能忘记的是有一天晚上六时许，他听到了他哥哥郁曼陀被日本特务杀害于沪上的消息，国仇与家恨相交织的愤慨之情溢于言表，他紧握着拳头说："此仇必报！"充分表现了他的敌忾之气。

一九四二年二月，日军攻陷新加坡，英军不战而降，达夫在这之前的几天坐船到印尼避难。我逃到北马暂避风险，不久又回到新加坡，蛰居后港，日军发布告示限令居民依时集中检证，在检证中实行大屠杀，杀死十万人众。我没有去集中，也没有被发现（被发现必逃不出鬼门关），后来设法买了一张盖了"已经检证，属于良民"的护身符，才得以苟全性命于乱世，而且由于多年来都做那不很费脑力的翻译工作，脑病也差不多好了。达夫却在一九四五年日军投降前夕，被日本宪兵杀害于印尼的苏岛，屈指一算，至今已三十八个年头了。

（原载 1990 年 6 月 21 日香港《星岛晚报·大会堂》）

刘大杰四咏郁达夫

著有《中国文学发展史》的刘大杰（1904–1977）在古典文学研究界大名鼎鼎，但他早年从事新文学著译，知道的人恐怕不多。

从1925年至1935年的十年中，刘大杰出版了短篇小说集《黄鹤楼头》《支那女儿》，长篇小说《三儿苦学记》，戏剧集《白蔷薇》，还翻译了托尔斯泰的《高加索的囚人》和屠格涅夫的《两朋友》等，笔耕不可谓不勤。新文学的各种样式，除了新诗，他几乎都作了尝试。

刘大杰在武昌师大国文系求学时的老师郁达夫曾撰文评论他的短篇小说集《昨日之花》，认为"描写细腻的心理，却不是他的擅长"，刘大杰的"特色"在于他"适合于写问题小说，宣传小说"，他"是一位有未来的希望的作家"。

不过，刘大杰还具有另外一面。1934年3月，上海北新书局出版了他的《春波楼诗词》。刘大杰在《自序》中对出版这本小书特别作了说明：

诗七十首，词五十四首，合印起来，成为这本小书。不用别人说，就是我自己，也觉得这本书是多余的。自己顶着新文学的招牌，暗中做这些平平仄仄的东西，不是可笑吗？……自己对于某一个人，对于某一件事，或是对于某一处风景，发生了一点感情，不便在长篇的小说戏剧里表现出来，那末诗的形式，是最适合于这种即兴的感情的表现了。新诗我是外行，就是勉强，也是做不来的。因此，这几年来，我便偷偷地写了些旧诗旧词了。

当时新文学风行一时，写旧体诗词被斥为"骸骨的迷恋"，难怪刘大杰写些怀人忆事的旧诗词要"偷偷地"了。刘大杰与郁达夫的师生关系非同一般，《春波楼诗词》中果然有《和郁达夫过岳坟有感》：

衰草秋风宋玉悲，古来词客易伤时。
美人名马传新句，破国孤坟寄旧思。
昔日已闻文字狱，而今重见放翁诗。
南朝北地千年恨，杯酒情怀只自知。

郁达夫《过岳坟有感》为1932年所作，刘大杰此诗当也作于同一年。他还有一首作于1935年的《秋兴寄怀达夫先生》未及收入《春波楼诗词》：

> 春云秋梦已如烟，醉酒谈诗十二年。
> 当日谁能悲贾谊，而今我自爱张颠。
> 休言湖海难逃网，只恨文章不值钱。
> 窗外潇潇秋意冷，断肠风味写吴笺。

1945年8月29日晚，郁达夫在印尼惨遭日本宪兵杀害。刘大杰是最早撰写纪念文章者之一。他在《忆郁达夫》（刊1946年1月《文选》创刊号）中又披露了他1935年间所作的一阕寄郁达夫的《减字木兰花》：

> 秋风老矣，正是江州司马泪。
> 病酒伤时，爱诵当年感事诗。
> 纷纷人世，谁识陶潜天下士。
> 旧梦如烟，潦倒西湖一钓船。

为郁达夫之死悲痛不已的刘大杰在1946年又写下了一首《郁达夫死难南洋，作诗哭之》：

> 一哭情无尽，三秋梦不成。
> 南天魂已断，故国恨难平。
> 文字倾江海，兵戎乱死生。

年年风雨冷，独自伴凄清。

　　此诗为刘大杰 1954 年春节亲笔所书自作旧诗长卷之一，长卷共录《一九三五年入川》至《寄钱锺书兄一九四八》旧诗八题九首，卷末有短跋："新春得半日闲，录旧作自遣，不执毛笔三年有半矣。"此后未见刘大杰再有咏郁达夫诗词，但一而再，再而三，三而四，已足见郁刘情谊至深。

　　（原载 2015 年 11 月 8 日香港《明报·世纪》）

《郁达夫全集》出版种种

1992年12月,浙江文艺出版社出版了12卷本《郁达夫全集》,虽然没有大加宣扬,却是做了一件实实在在的好事。以郁达夫在中国现代文学史上的地位和在海内外的影响,出版全集完全必要。不像有些在文坛并无多大影响的作家,近年也在大出其全集,说得刻薄一点,只能是废纸一堆,因为不但一般读者毫无兴趣,就是大学里做学问的,又有谁会把这些人的作品作为研究对象?

应该指出,这部《郁达夫全集》的问世并非一蹴而就。早在郁达夫生前,他就自编了7卷本的《达夫全集》,先后交创造社出版部和北新书局出版。在世作家出版作品全集,既说明了作家的自信,也是当时文坛的一个创举。遗憾的是缺漏甚多,全集其实大不全。1949年1月,为纪念郁达夫在印尼殉难,北新书局预告将推出6卷本的新《达夫全集》,为此还专门组成了由郭沫若、郑振铎、刘大杰、赵景深、李小峰、郁飞参加的"达夫全集编纂委员会"。不料上海解放之后,郭沫若认为达夫作品中的"黄色描写有副作用",出版全集已不合时宜,这部新《达夫全集》只能胎死腹中。

直到1980年代中期,才由广州花城出版社和香港三联书店联合出版了由王自立兄和我合编的具有全集规模的12卷本《郁达夫文集》。换言之,凡是当时所能搜集到的郁达夫作品,除了《介绍雕刻家杜迪希》和《因鸦片而想起的种种》两篇之外,均已编入这部文集。之所以称作"文集"而不称作"全集",乃是出版社方面受到某些"左"得可爱的文学界人士的压力,就像与之同时问世的另一部由邵华强兄和凌宇兄合编的《沈从文文集》,尽管也具有全集规模,仍只能称作"文集"一样。当时似乎有个无形的戒律,除了鲁迅、郭沫若、茅盾,别的现代作家就不能出版全集,否则就是僭越。

未能编入文集的那两篇郁达夫散文,并非我们没有掌握,而是早已编进书稿,付梓前才被出版社临时抽出。据说《介绍雕刻家杜迪希》有吹捧蒋介石之嫌,《因鸦片而想起的种种》则可能不利于正在进行中的中英关于香港问题的谈判,确实够严重的,实际上根本风马牛不相及。两文均作于抗战时期,前者赞赏反对法西斯侵略,为"我国领袖蒋委员长"塑像的杜迪希,完全可以理解;后者要求作为盟国的英国对当年的鸦片战争"特别的表示一点忏悔",给予中国更多的援助,又有什么错失?1980年代中期,上海书店出版部影印过一本台湾地区学者秦贤次兄编选的《郁达夫南洋随笔》,发行量也不小,倒是无所顾忌地收入了这两篇散文。奇怪的是,自那时至今快

10年过去了，国内研究郁达夫的专著和硕士、博士论文也已发表了不下数十种，却从不见有人注意到这两个版本的差异，笔者原来一直期待能有细心的读者加以指出，而今只好自己来揭穿这个"秘密"了。

当然，浙江版的《郁达夫全集》已经补入了这两篇有争议的散文。不仅如此，全集还增收了花城版《郁达夫文集》出版后由笔者和其他中外学者陆续发现的郁达夫重要佚文，如1921年就《沉沦》出版致周作人的信，未完成的中篇小说《没落》、散文《读明人的诗画笔记之类》《上海的将来》和《两位英国的东方学者》等，显得更为齐全和完备。但全集也有一个严重的差错，即把别人写的《毁灭》一文当作郁达夫作品误收入全集第5卷。这篇书评原载1931年12月7日《文艺新闻》第39号，系评介鲁迅翻译的苏联作家法捷耶夫的长篇小说《毁灭》，署名"达夫"。但这位"达夫"不是郁达夫，而是另有其人。当年《文艺新闻》的编辑楼适夷先生在致笔者信中明确指出："《文新》上介绍《毁灭》一文的作者是王达夫，四川人，一个小学教师，晚间在文新社住宿，非郁达夫。"

最近，笔者又新发现两篇郁达夫佚文：《上海的茶楼》和《看京剧的回忆》，从未编集，也为浙江版《郁达夫全集》所漏收。这两篇散文南北呼应，一写上海的茶馆，一写北京的京剧，娓娓而谈，情趣盎然，颇值玩味。

（原载1994年10月1日上海《文汇读书周报》）

再说《达夫全集》

一般而言,作家或学者去世之后,盖棺论定,才编辑他的作品全集,像鲁迅,像胡适,像沈从文。但是现代文学史上有两个例外,郁达夫和冰心,生前就出版了"全集",当然,"全集"都很不全。

且说郁达夫。他的《达夫全集》自 1927 年他 31 岁时开始出版第 1 卷《寒灰集》起,至 1933 年出版第 7 卷《断残集》后止,前后历时七年。之后他又出版了《履痕处处》《闲书》《达夫日记集》《达夫短篇小说集》等,均不再属于《全集》系列,很有趣。

对于出版"全集",郁达夫自有见解。他在 1926 年写的《〈达夫全集〉自序》中这样说:

> 自己的在过去浪费了的精神,不信有一点一滴可以永生。自己死了之后,那一层脸上的"永生的灵辉",是决也希冀不到的。自己权且当作一个也是孤独的流人,对于过去

的自己的孤独的尸骸，将他的死眼闭上，勉强使他装成一个瞑目而终的人，也许是目下的最有意义的一点工作，全集的编制，就发源于此了。

日前得见五种《达夫全集》，各册版权页上的印数引起了我的注意，照录如下：

第1卷《寒灰集》，创造社出版部：
1927年6月1日初版，1-4，000册；
1928年6月1日再版，4，001-7，000册；
1928年9月1日三版，7，001-8，000册；
北新书局：1928年11月1日四版，8001-11，000册；
1929年3月1日五版，11，001-14，000册；
1930年9月1日六版，14，001-17，000册。

第3卷《过去集》，开明书店：
1927年11月15日初版，1929年9月1日四版，
7，001-9，000册；
北新书局：1929年10月1日五版，1930年6月1日六版，
12，001-15，000册。

第4卷《奇零集》，开明书店：
1928年3月1日初版，1929年2月1日三版，6，

001–8,000册；

北新书局：1929年10月1日四版，1930年5月1日五版，

11,001–14,000册。

第5卷《敝帚集》，北新书局：

1928年4月15日初版，1–3,000册；

1928年10月15日再版，3,001–5,000册；

1929年9月15日三版，5,001–8,000册；

1930年4月15日四版，8,001–11,000册。

第6卷《薇蕨集》，北新书局：

1930年12月初版，1–3000册。

这组印数显示，《达夫全集》的出版，经历了创造社出版部、开明书店和北新书局三家出版社，最后花落北新。可惜第2卷《鸡肋集》和第7卷《断残集》未见，否则整套《达夫全集》到1930年底的印数就完全一目了然了。不过，从这五部《达夫全集》的印数已可清楚地看出郁达夫当年如何深受广大读者青睐，第1卷《寒灰集》短短三年多一点时间，印数就多达17,000册，说他是新文学畅销书作家也不为过。

不妨把他与同一时期另一位新文学巨匠鲁迅作品的印数略作比较。比《达夫全集》第1卷《寒灰集》问世晚一个月，

鲁迅在上海北新书局出版了散文诗集《野草》,至1930年5月也印行了六版,累计印数也是17,000册,与《寒灰集》第6版的印数正好相同,可见《达夫全集》在当时受欢迎程度可与鲁迅比一比。

(原载2016年6月26日香港《明报·世纪》)

郑子瑜编《达夫诗词集》

中国新文学巨子郁达夫，亦是旧体诗词大家。他"九岁题诗四座惊"，晚年的绝笔又是七绝《题新云山人画梅》，旧体诗词成为郁达夫创作生涯中不可分割、相当重要的一个组成部分。而且郁达夫的诗清新俊逸，深情绵邈，在现代诗坛上独树一帜，已久享盛誉。遗憾的是，郁达夫生前未有诗集行世，他早年在日本留学时，曾自编《乙卯集》，却没能付梓，诗稿早佚。幸得郑子瑜先生，在郁达夫殉难以后，锐意搜集达夫诗词，编辑出版了第一本《达夫诗词集》，后来又对达夫诗词的艺术成就作了认真的探讨，可以毫不夸张地说，郑先生是海内外研究郁达夫诗词第一人。

为郁达夫裒辑诗词集的想法，郑先生早在青年时代就已萌生了。他酷爱达夫诗词，读了达夫名作《钓台题壁》之后，还曾依韵和诗一首，以示钦慕。1936年底，郁达夫访日归国，途经厦门，与郑先生见面。郁达夫得知郑先生正在编集他的诗词，甚为高兴，建议郑先生竣事后寄交"台北帝国大学"神田喜一郎教授出版，因为神田也是达夫诗词的爱好者。不料诗集寄去不久，七七事变爆发，台湾与内地中断联系，这部诗稿也就不知下落了。

抗战胜利之后，达夫在印尼被害的噩耗传出，郑先生在悲痛之余，"深惜旧编之不可复得，于是又从旧书报杂志上致力于达夫的遗诗遗词之搜辑"，当时郑先生僻处人烟稀少的北加里曼丹，既缺少文友的帮助，又没有搜集的便利，但他锲而不舍，花费了两年多时间，克服了种种困难，终于重新辑成《达夫诗词集》，于1948年6月交广州宇宙风社出版。

《达夫诗词集》按写作时间编次，共收诗词61题92首，虽然仅占现存达夫诗词总数的六分之一，但达夫的一些重要诗作，如《病中示内》《钓台题壁》《青岛杂事诗》《贺新郎》《乱离杂诗》等均已收录。书前有郑先生的《辑者序》，书末附郑先生的诗辑《剪春笺》。郑先生在《辑者序》中指出："当今的诗坛，自从胡适之的《尝试集》出版到了现在，新诗固然是在逐渐的发展，旧诗却也并不因此而中断。两者并存，毫无相碍。"而"就旧诗来说，中国现代的作家，最喜哼哼唧唧的，而且最能感动读者的，当推郁达夫"。对郁达夫旧诗的艺术风格，郑先生则认为"达夫先生的诗，受黄仲则的影响甚深，而他的辛酸或尤甚于黄仲则。至其纵横的才华，潇洒飘逸的神韵，则尤非仲则所能几及。自来批评家但责达夫感伤颓废，却不知他在感伤凄丽之余，亦有严肃悲愤慷慨之致。"寥寥数语，一下子抓住了欣赏和研究达夫诗词的关键，是颇有见地的。

当然，初版的《达夫诗词集》也有不足之处，且不说搜集远不够齐全，若干诗作的字句、写作年代和诗题也因辗转传抄而有错讹，再说只印了500册，流传也不广。有鉴于此，郑先生本着鲁迅所说的"收存亡友的遗文真如提着一团火，常要觉得寝食不安，给它企图流布"的严肃态度，继续努力工作，于1954年2月改由香港现代出版社出版了修订再版本。再版本所收诗词包括脍炙人口的《毁家诗纪》在内，增至120首，写作年代和诗句、诗题等也多有勘正。此后，《达夫诗词集》又于1955年3月和1957年11月由香港现代出版社和星洲世界书局分别出版了增订3版和4版本。从第3版开始，《达夫诗词集》改为按诗词种类编次，亦有其便于翻检的优点。到第4版时所收诗词已达155首。由此可以看出，在当时的条件下，郑先生坚持不懈地穷搜广求达夫诗词，付出了多少时间和精力。如果不是郑先生采辑整理，设法使之流布，许多达夫诗词就有可能失传。郑先生为嗣后更为完备的达夫诗词集的问世打下了良好的基础，难怪当时的香港学者对之充分肯定，认为"这实在是一桩值得称赞的事情"！

与此同时，郑先生还对郁达夫诗词进行了较为系统的研究。1955年10月，他应邀在南洋学会发表学术演讲《谈郁达夫的南游诗》；1962年3月，为赴日讲学作《论郁达夫的旧诗》；1973年1月，又发表《郁达夫诗出自宋诗考》。在郑先生之前，不是没有人谈论郁达夫的旧诗，但从思想和艺术两方面全面探讨郁达夫诗词的成就得失,却自郑先生始。

在研读了当时已经发现的全部郁达夫诗词之后,郑先生认为,与郁达夫的小说相比,他的旧体诗词因为形式上的便利,在"大胆的自我暴露"方面有时甚至还要更彻底,更积极。郁达夫早年的诗大都摹仿唐人诗句,主要写他性的苦闷中的一种幻想,常带着浓厚的感伤情调;步入中年之后,一方面他的感伤蜕化而为一种隐遁思想,另一方面他的诗人气质和爱国精神,却又不能使他真正宁静下来,他的诗词的基本情调转为悲苦、忧抑而又痛愤,在艺术上也渐趋圆熟,抗战前夕写下的《偶过西台有感》《赠华报同人》、寄给刘大杰和林语堂的两首七律等诗都是这一时期的代表作,隐隐透露出作者对权贵的蔑视以及对国事危急、百姓受苦的痛心和关切。南游之后,达夫虽因不幸的婚变而写下许多哀艳动人的诗句,《毁家诗纪》甚至可以称之为绝唱,但他的南游诗中"最值得我们称许的,还是那对于国家的兴亡之感",而流亡印尼期间所作的11首《乱离杂诗》和4首《无题》诗无疑是"达夫生平最佳的诗作,用典切当,笔调清新,文情并茂。从这些诗篇里,我们看到诗人丰富的想象力,更可以看出他在感伤凄楚之余,也有严肃、悲愤、慷慨之致。至各章所流露出来的家国之思,乡园之感,尤足以动人肺腑"。郑先生就这样清晰地勾勒出达夫诗词创作的发展轨迹,总的说来,他的评价是恰如其分,令人信服的。

对郁达夫诗词在艺术上的师承渊源,郑先生给予更多的注意。郑先生本人对旧体诗词有较高的造诣，他的绝句曾为国民党元老于右任先生所激赏，他在经过反复比较之后，进一步发现郁达夫的诗词受李义山、杜牧之、王渔洋、黄仲则等人的影响，郁达夫的绝句还与龚定庵的相接近。这些见解，已为海内外学术界所公认。特别是郑先生在《论郁达夫的旧诗》中首次提出"达夫的旧诗，受宋人的影响最深"的观点，并且作了简要的论证，认为究其原因在于"郁达夫所处的时代与宋朝有若干仿佛之处，但宋诗主说理，达夫诗却以道情取胜；我想最大的原因，是宋代诗人最喜欢以文入诗，这就正合达夫的脾胃了"。不过，郑先生没有多加发挥。直到整整10年之后，郑先生才发表《郁达夫诗出自宋诗考》，对这个问题作了深入细致的考证和论述。这是郑先生运用传统的考据方法的一篇力作，也是他研究郁达夫诗词最有分量的一篇论文。郑先生从宋诗"意境稍差，音韵不够响"，但仍具有未必亚于唐诗的社会意义的特点入手，追踪达夫对宋诗的基本看法，指出达夫虽然认为宋诗尤其是北宋诗"语意率直""诗句僻涩"，但他十分喜欢厉鹗，"当然也就喜欢厉鹗所撰制的东西，所以他必定熟读厉鹗所编制的《宋诗纪事》和《南宋杂事诗》，因而对宋诗有极其深刻的印象，'染指既多，自成习套'，这也许是达夫诗出自宋诗的一个更为可能的原因吧？"接着，郑先生将达夫诗句出自宋诗部分逐一追本溯源，钩稽胪列，顺带分析比较其长短优劣。如《毁家诗纪》中的"满天明月看潮生"句，郑先生发现其实源自北宋诗人苏舜钦《淮中晚泊犊头》的"满川风雨看潮生"句，但"郁诗更觉清绝可爱"。被郑先生提到的两宋大小诗人共有40余家，作品更多，真可谓洋洋洒洒，旁征博引，足见郑先生功力之深。郑先生的结论很值得我们重视，他说："平心而论，达夫的诗，无论从哪一个角度来看，都比宋诗要好得多，这真是'青出于蓝而胜于蓝'；也正如刘勰的《文心雕龙》所说：'盖文体通行既久，染指遂多，自成习套。'若说达夫有心要摹仿古人，那就未免太小觑达夫了。"对这篇论文，郑先生后来自谦是"作死功夫"，在学术上没有多大的贡献，然而确实自成一家之言。尽管文中个别例证有些牵强，但综观全文，能够启发和引导我们开阔思路，对达夫诗词作多方位的更深入的探究，却是毫无疑义的。著名中国现代文学研究专家王瑶先生生前就高度评价这篇论文，东瀛学者对这篇论文也极感兴趣，研究郁达夫诗词的权威稻叶昭二先生还曾亲自将其译成日文，刊于1974年8月号《东洋文化》。

总之，无论在搜集整理郁达夫诗词，还是在研究阐述郁达夫诗词艺术特色方面，郑子瑜先生都不愧是一个"筚路蓝缕，以启山林"的先行者，他开郁达夫诗词研究先河的功绩，在郁达夫研究史上应该大书一笔。

（原载1991年9月《香港文学》第81期）

冯雪峰编《郁达夫选集》

1959年6月，北京人民文学出版社出版了一本《郁达夫选集》。全书共分3辑，第1辑收入《春风沉醉的晚上》《薄奠》《迟桂花》等7篇小说；第2辑收入《钓台的春昼》《马六甲记游》等4篇散文和《〈民众〉发刊词》《"天凉好个秋"》《政权与民权》等17篇杂文；第3辑收入《文学上的阶级斗争》《忆鲁迅》等文艺论文和文学回忆录5篇。书前又有《出版说明》1篇，文中高度评价郁达夫及其创作，推崇郁达夫"在五四新文学史上是一个重要作家"，强调郁达夫"对五四新文学的贡献和在新文学史上的地位"是"不可磨灭的"。同时也认为"郁达夫有不少作品，在艺术上有卓越成就和内容上有进步意义的同时，也掺杂着许多不健康因素和杂质"，并且指出：由于"这个选集是为着一般读者的需要而出版的"，所以入选的作品"是从他一些比较没有上面所说的杂质的作品中选出来的"。文章接着对各类入选作品从思想艺术上作了提纲挈领的评介，持论中肯，不乏独到的见解。

这是一本颇有特色的郁达夫选集。如果与该社1954年11月据开明书店版重印的那本《郁达夫选集》相比，尽管出于某种考虑，抽去了《沉沦》《过去》等名篇，未免令人遗憾，但总的说来，不论是入选作品的体裁还是篇目，都较为全面地反映了郁达夫各个不同历史时期多姿多彩的创作风貌。譬如，历来的选本，几乎都忽略或故意不选郁达夫的杂文，这本选集就与众不同，编选者独具慧眼，一下子选入那么多尖锐泼辣的杂感政论，包括首次与国内读者见面的郁达夫南游后写的《岁朝新语》等3篇抗战文字，不但使读者欣赏郁达夫精湛的杂文艺术，更使读者领悟到郁达夫确有慷慨激昂的一面，他的政治态度在许多时候都是明朗而积极的。毫无疑问，这本选集在郁达夫作品出版史上占着一个重要的地位。

人们也许会问，这本选集的编选者是谁呢？时隔27年，我终于在最近查实，编选者不是别人，正是我国现代著名的文艺理论家、作家冯雪峰。书前的这篇《出版说明》当然也出自冯雪峰手笔，它既未收入3卷本的《冯雪峰论文集》，也未收入4卷本的《雪峰文集》，是一篇新发现的冯雪峰佚文，弥足珍贵。

1957年的那场"反右"大风暴，使冯雪峰蒙冤受屈，身处逆境，然而刚强、坚韧的冯雪峰并未因此消沉，而是以一个普通编辑的身份，默默无闻地埋头工作。从1958年到1960年，他以认真严肃、一丝不苟的态度，搜集郁达夫作品，考订郁达夫生平，着手编辑《郁达夫文集》。他不顾身体有病，亲自抄录好几十万字的郁达夫作品,其中有不少是尚未编集的佚文,"单是郁达夫日记则至少抄了五六万字,订成厚厚的一册。"而这本《郁达夫选集》就是冯雪峰这个时期研究郁达夫的最初成果,他自己在《出版说明》中已说得很清楚:"为着了解他(指郁达夫——笔者注)创作上的全部情况及其矛盾和复杂的现象,我们将整理他的作品,准备将来出版他的文集。但在目前,我们还只能出版这个选集。"在此前后,冯雪峰还撰写了《郁达夫生平事略》和《郁达夫著作编目》,前者简明扼要地介绍达夫献身文学、忠于艺术的一生,突出达夫在各个重要历史关头的表现;后者除个别书因条件限制未找到外,已将达夫生前出版的各种作品集悉数列入,展示了达夫文学创作的主要成就。可惜冯雪峰生前仅仅看到这本《郁达夫选集》的出版,《事略》和《编目》都是迟至打倒"四人帮"才得以发表,至于文集书稿,虽然经过不断的辛勤努力,到"文革"前也已大体编就,却因"文革"而无法付梓,"文革"中又难逃失散的厄运,实在令人痛心。

冯雪峰研究鲁迅著作、编注《鲁迅全集》的功绩早已为人们所熟悉,但他整理研究郁达夫作品的贡献至今鲜为人知。其实,冯雪峰对达夫其人其文感兴趣决非偶然。他俩早在1920年代初就建立了文字交,收有雪峰诗作的湖畔诗社第一本诗集《湖畔》出版后,郁达夫就曾写信倍加赞赏和鼓励;在1920年代末的"革命文学"论争中,冯雪峰和郁达夫都站在鲁迅这一边;他们两人还一起参与发起中国自由运动大同盟和中国左翼作家联盟；上海"一·二八"战争期间，冯雪峰和郁达夫又共同在反对日本侵略的《上海文艺界人士告世界书》和《中国著作者为日军进攻上海屠杀民众宣言》上签名；特别是当左联决议开除郁达夫时，冯雪峰据理力争，坚决反对。诚然，冯雪峰一贯倡导"革命现实主义"，郁达夫则长期服膺浪漫主义和"表现自我"，两人的文学观是有距离的，正如鲁迅在评价郁达夫时所说的那样，"对于文学的意见，我们恐怕是不能一致的罢"。[①] 这一点，从这本《郁达夫选集》所选的小说大部分是郁达夫现实主义成分较强的中、后期作品，即可得到印证。但是，作为一个成熟的有远见的文学理论家，冯雪峰对郁达夫始终是宽容、同情和尊重的。他在国内"左"倾思潮严重，郁达夫研究差不多成了"禁区"的时候，在自己处境最为困难的时候，出于对亡友的思念，毅然冒着风险，承担起搜集整理郁达夫文学遗产的重任，也就显得更为难能可贵。今天，冯雪峰的遗愿终于得到实现，相当于全集规模的12卷本的《郁达夫文集》已经问世，国内的郁达夫研究也已达到相当的水平。捧读冯雪峰留给我们的这本薄薄的已很少见的《郁达夫选集》，不禁感慨万千。在新中国的郁达夫研究史上，冯雪峰筚路蓝缕，功不可没，后起者应该铭记并感谢冯雪峰。

（原载1986年6月香港《读者良友》第24期）

[①] 鲁迅：《伪自由书·前记》，《鲁迅全集》第5卷，北京：人民文学出版社，2005年，第3页。

陆丹林与《郁达夫诗词钞》

京中友人惠寄之霜枫《〈郁达夫诗词钞〉序言》。霜枫者，陆丹林是也。对郁达夫诗词的搜集整理，以时间先后而言，郑子瑜之外，应数陆丹林了。

红树室主人陆丹林在现代文史界是很有点名气的。他擅掌故，鉴赏字画尤为了得，1937年主编《逸经》文史半月刊，编著颇丰。陆丹林与郁达夫也交往匪浅，最具代表性的一件事，郁达夫"可以称为绝唱"的组诗《毁家诗纪》，就发表在他主编的1939年3月香港《大风》旬刊第30期。陆丹林1946年11月又撰长文《郁达夫"毁家"前后》，详述《毁家诗纪》发表始末。他认为"这些诗词不只在达夫个人生命旅程上有极大的关系，即在近代文学史上也有它的价值"。而极为珍贵的《毁家诗纪》手稿，也由陆丹林在"文革"前夕捐赠北京图书馆而得以幸存。

《〈郁达夫诗词钞〉序言》原载1961年9月香港商务印书馆《艺文丛录》第一编。陆丹林开宗明义交代，抗战胜利后得知郁达夫在南洋"牺牲的恶耗","为了平日爱好达夫的民族形式的诗词,即开始采集辑存他的遗作"。文中援引包括刘大杰、丁易、胡愈之、郭沫若在内的"诸家的评语",讨论达夫诗词"独特的风格","清词丽句富于感情"。陆丹林强调编集一部"比较的完备"的达夫旧体诗词,"这是后死者之责"。

陆丹林编《郁达夫诗词钞》1962年由香港上海书局出版,我手头是1973年3月的再版本,共收达夫诗词二百首,书名沈尹默题签。但这篇《序言》未用。确切地说,书中落款1962年4月的《前言》系这篇《序言》的删改本,删去了诸家的评语,多处代之以达夫的夫子自道,以及陆丹林自己的评论,指出达夫的诗词虽然"气息最近黄仲则","还可以进一步的说,达夫阅世之深,意境之远,往往有黄仲则所不及的地方"。从中"可以看出旧日一个知识分子(文人)的一生坎坷,潦倒半生的缩影。从他的诗词中,又可以看到不少的荡气回肠,意志激昂的句子,它们使读者爱好吟诵,留有深刻的印象,不是没有道理的。"

(原载2013年4月14日《文汇报·笔会》)

墙里开花墙外红

——郁达夫作品在香港

1945年8月29日,中国现代文学巨匠、反法西斯战士郁达夫在印尼苏门答腊的巴爷公务"失踪"被害①,成为中国文艺界在八年抗战中遭受到的最惨痛的损失。40年来,海内外学者从未间断过对郁达夫生平、家庭、文学道路、抗日救亡活动、流亡经过和被害之谜进行研究和探讨。其中,日本、新加

---

① 关于郁达夫被害日期,胡愈之根据邵宗汉报告的棉兰联军当局审讯日本战犯时录取的口供,认为郁达夫于1945年9月17日与数名欧洲人一起被日本宪兵枪杀(《郁达夫的流亡和失踪》,香港咫尺书屋1946年初版)。日本学者铃木正夫查阅日本保存的棉兰战犯审判的全部卷宗并访问数十名有关人士,发现当时并无欧洲人遭枪杀的事。铃木正夫证实郁达夫确实死于日本宪兵之手,但对9月17日被害表示怀疑(《消失于南洋的郁达夫——一位中国作家的最后》,《新文学史料》1984年第2期,署名今西健夫)。笔者认为,按照常理,日本既已战败,日本宪兵不敢也不大可能把8月29日绑架的郁达夫拖延到9月17日才枪杀,郁达夫在被绑架的当晚即遭杀害的可能性最大。最近又出现一种新的说法,据郁达夫生前友好黄孟圭之女黄美意回忆,黄孟圭生前告诉她,他与郁达夫在1945年8月间被日本宪兵抓进监狱,郁达夫在被宣布释放离开监狱时遭到枪杀(《黄美意谈徐悲鸿》,1985年4月25日《福州晚报》)。

坡和香港的研究成果尤为卓著。

郁达夫早年留学日本,他的创作深受日本文学影响,最后又惨遭日本宪兵毒手;郁达夫晚年有整整3年在新加坡度过,他在那里大力宣传抗日,积极扶植文学新人,为马华文学的发展作出过不可磨灭的贡献,日本和新加坡学者热衷于研究郁达夫,这是很自然的事。但是,郁达夫生前与香港关系并不密切,举其荦荦大端,只是1938年8月起至1941年10月止,在戴望舒主编的《星岛日报·星座》和该报"特稿"栏内发表了10篇政论、散文和一封书信[①];王映霞赴新加坡途中,于1938年12月25日抵达香港逗留一天[②];1939年3月5日在陆丹林主编的《大风》创刊一周年特大号上发表轰动一时的《毁家诗纪》;1940年5月31日在《星岛日报》第2版刊登与

---

① 即政论《抗战周年》《政治与军事》《轰炸妇孺的国际制裁》《苏日间的爆竹》《西方的猴子》《地大物博人口众多》和《财聚民散的现状》,散文《国与家》《岁朝新语》和《敬悼许地山先生》以及1939年3月4日致戴望舒信,现已分别收入拙编《郁达夫文集》第4卷、第8卷和第9卷(花城出版社和香港三联书店版)。

② 郁达夫抵达香港的日期,据郁云著《郁达夫传》(1984年4月福建人民出版社初版),为1938年12月21日,王映霞回忆则是1938年圣诞节(据王映霞1982年5月12日与笔者谈话记录)。查1938年12月24日《星岛日报·星座》第146期"文艺情报"栏,有一则消息:"郁达夫于明日偕夫人王映霞过港赴新加坡,担任《星洲日报》编务。"因此,郁达夫抵港日期当以1938年12月25日为准。郁达夫在港期间,曾与戴望舒、楼适夷等人会面,并参观了胡文虎兄弟的"虎豹别墅",但未能留下关于香港的文字。

王映霞离婚启事①等，这与在香港生活和工作了相当长时间的茅盾、许地山、戴望舒、叶灵凤等作家实在难以相比。然而，香港的郁达夫研究一直十分活跃，香港出版的关于郁达夫的各类书籍，发表的关于郁达夫的长短文章，即使不包括转载和翻印本，也已经车载斗量，为数惊人。香港在郁达夫作品的搜集和整理、郁达夫生平史料的发掘和考证，以及郁达夫思想和作品的研究和探讨上都有可贵的建树，其原因恐怕与郁达夫的创作生涯和爱情悲剧引起人们的浓厚兴趣以及香港所处的特殊地理和政治环境不无关系，但这毕竟是非常难得的。

研究一位作家，搜集和整理他的作品是第一步工作。从20世纪50年代中期开始，与内地在"左"的思想影响下冷落郁达夫的作品②形成鲜明对照，香港不断整理出版郁达夫著作，主要是把郁达夫生前已经结集的小说、游记和日记重新编选③。

---

① 郁达夫这份启事自1940年5月31日起连载3天，全文如下："达夫与王映霞女士已于本年三月脱离关系，嗣后王女士之生活行动完全与达夫无涉，诸亲友处恕不一一函告，谨此户事。"

② 国内在50年代仅出版过两种薄薄的《郁达夫选集》，1951年开明书店版（1954年改由人民文学出版社出版）和1959年人民文学出版社版，后一种连郁达夫早期代表作《沉沦》都未收入。

③ 据不完全统计，香港出版的郁达夫作品，计有：万里书店版《郁达夫小说选》，智明书局版《南迁》《蜃楼》《达夫中篇小说集》，日新书店版和中流出版社版《春潮》，上海书局版《出奔》，一支出版社版《郁达夫日记》，宏业书局版《郁达夫日记九种及其他》，蓝天书屋版《郁达夫的爱情日记》，新月出版社版《春风沉醉的晚上》，东亚书局版《烟影》，文学出版社版《郁达夫选集》和《达夫游记》，实用书局版《过去集》和《奇零集》，港青出版社版《郁达夫选集》和《瓢儿和尚》，等等。

在五花八门的选本中，智侣作序的《郁达夫选集》虽然略嫌单薄，大体上还是显示了郁达夫早期创作的概貌，质量在一般水准之上。1960年代，有人翻印《达夫全集》中的《过去集》和《奇零集》，曾得到读者好评[①]。遗憾的是，有些选本完全为了生意经，编选不当，错字甚多，还有的选编者任意窜改郁达夫的作品，如从《日记九种》中抽出几篇，另冠以《郁达夫的爱情日记》的书名招徕读者，等等。不过，总的说来，这类选编本、翻印本在向港澳和海外读者普及郁达夫作品方面还是起到了一定的作用。

最能体现20世纪50至70年代香港搜集整理郁达夫作品成就的是温梓川编的《郁达夫南游记》、陆丹林编的《郁达夫诗词钞》和港青出版社编的《达夫文艺论文集》三本书[②]。《郁达夫南游记》是海内外第一本收集郁达夫在新加坡作品的选集。郁达夫"南游"新加坡期间发表了大量政论、杂文和文艺随笔，风格激越、昂扬，一扫其早期作品中的忧郁、感伤，展现了郁达夫创作生涯中光辉的另一页。这些作品从未编集，而且由于战乱，即使在新加坡当地，也已难于寻觅，曾在创作上受到郁达夫热情指教的温梓川从自己收藏的剪报中整理出15篇结集出版，尽管数量还不及郁达夫"南游"作品的十

---

① 李辉英：《郁达夫提倡农民文艺》，《三言两语》，香港文学研究社，1975年初版。

② 温梓川编：《郁达夫南游记》，香港世界书局，1956年版；陆丹林编：《郁达夫诗词钞》，香港上海书局，1962年版；港青出版社编：《达夫文艺论文集》，香港港青出版社，1978年版。

分之一，但管中窥豹，郁达夫"南游"作品中的一些重要篇章，如《几个问题》《"文人"》《因谋保障作家生活而想起的话》已收录在内，使人们研究郁达夫后期的思想和创作第一次有了可靠的依据，不能不说是郁达夫作品出版史和研究史上的一件大事。日本学者后来发现大批郁达夫后期作品就是以这本《郁达夫南游记》为线索的。令人费解的是，这本书中还收录了郁达夫"南游"前在国内写的一些作品，且与"南游"后的作品混杂在一起，未免体例失当①。

郁达夫的旧体诗词绰约风流，情浓意婉，历来有人以为其艺术成就超出小说和散文②，可惜郁达夫生前也未能结集。陆丹林也是郁达夫的文友，郁达夫被害后，陆丹林"即开始采集辑存他的遗诗"③，穷20年之力，终于辑得各体旧诗190首，断句2则，词10阕，在香港付梓出版。这本《郁达夫诗词钞》并不是第一本郁达夫诗词集④，却是第一本郁达夫诗词"系年"长编，读者可以根据集中的编年来研究郁达夫写诗的背景，从而较好地把握郁达夫写诗时的心境，加深对郁达夫诗

---

① 陈凡在《郁达夫主要的一面——美人香草闲情赋，岂是离骚屈宋心》中也提到这一点，见香港广角镜出版社版《尘梦集》。
② 参见郭沫若《〈郁达夫诗词抄〉序》和刘海粟《〈郁达夫传〉序》。
③ 陆丹林《〈郁达夫诗词钞〉前言》。陆丹林编集的郁达夫诗词，原拟收入上海北新书局1949年版《郁达夫全集》第6卷"译文杂著集"，因《郁达夫全集》停止出版而作罢，后又经增补，交香港上海书局印行。
④ 第一本《郁达夫诗词集》由郑子瑜编集，1948年6月广州宇宙风社初版，1954年2月由香港现代出版社出版增订本，后又多次增补再版。

作的理解。应该指出，编诗词集采用编年体难度是较大的，这本书中就有一些诗搞错了写作年份，广为流传的七律《钓台题壁》作于1931年，书中误列为1928年所作，即是一例。这本诗词钞还对诗题和异文作了一些必要的校勘，虽然不无错漏，但在郁达夫诗词版本史上也是第一次。在更为完备的内地版《郁达夫诗词抄》[①] 未问世前，这本诗词钞一直是研究郁达夫诗词的必备书，难怪香港的研究者对它大为称道了[②]。此外，陆丹林当时保存着《毁家诗纪》的原稿，但他不但没有按原稿付梓，而且还把这组"绝唱"的诗题擅改为《无题》，这是本书的一个明显的缺憾。

港青出版社出版的《达夫文艺论文集》则是海内外第一本较完整的郁达夫文艺论文的合集。全书共分3卷，上卷为《文学概论》《诗论》《小说论》和《戏剧论》，中卷是《文艺漫谈》，下卷是《人物与书》，编排颇具匠心。郁达夫去新加坡之前所写的关于文艺的各类评论和随笔，十之七八已收集在内（郁达夫到新加坡后写的文艺论文仅收入《几个问题》等4篇，有点美中不足），为系统研究郁达夫文艺思想的形成和演变，研究西方文艺思潮对郁达夫的影响和启迪，研究日本"私小说"理论与创作同郁达夫艺术主张和创作实践之间的关系等提供了很大方便。如果联系到长期以来研究者对郁达夫文

---

① 于听、周艾文编：《郁达夫诗词抄》，浙江人民出版社，1981年1月初版。

② 参见林真：《处困室书简——郁达夫的旧体诗》，香港《镜报月刊》，1979年3月第20期。

艺思想不够重视，联系到当时不论在国内还是海外，都还未编过这样的文论集，这本书的出版也就更显得及时了。

还应提到的是，许多香港报刊对郁达夫作品的偏爱。20世纪50年代的《文艺世纪》、60年代的《海光文艺》、80年代的《开卷》，以及《文汇报》等，经常介绍郁达夫的佚文和佚诗①。内地版《郁达夫诗词抄》问世后，《文汇报》曾先后刊出《郁达夫佚诗三十首》和《郁达夫佚诗辑注》②，共计发表《郁达夫诗词抄》未收的佚诗73首，又对联、断句数则，这是近年郁达夫佚诗的两次大发现，引起海内外郁达夫研究界的重视。郁达夫在《星岛日报》发表的杂文，长期不为人所知，香港《抖擞》杂志发表考证文章③，以纠正郁飞回录中的误记④为契机，第一次向海内外读者作了较为详细的评介，并重

① 郑子瑜：《郁达夫遗诗续辑》，见香港《文艺世纪》1957年11月号；陈琼：《记郁达夫》，香港《海光文艺》1967年1月号；单黎：《郁达夫的白话词一首》和《郁达夫早期七律两首》，见1980年9月7日、8日香港《文汇报》；陈福康：《郁达夫早期的一首新诗》，见香港《开卷》1980年第3卷第6期；晨曦：《郁达夫在福州的佚诗》，见1984年8月26日香港《文汇报》；陈子善：《新发现的郁达夫佚诗》，见1984年9月16日香港《文汇报》。

② 《郁达夫佚诗三十首》，单黎辑，于听注，见1982年3月11日和4月23日香港《文汇报》；《郁达夫佚诗辑注》，陈子善、王自立辑注，连载于1982年10月4日至1983年3月21日香港《文汇报》。

③ 陈湛颐：《郁达夫在〈星岛日报〉上的佚文》，见香港《抖擞》1980年9月号。

④ 郁飞：《杂忆父亲郁达夫在星洲的三年》，见1979年11月《新文学史料》总第5辑，郁飞在文中把郁达夫在《星岛日报》发表的单篇政论《政治与军事》误记作连载的《军事与政治》。

刊郁达夫在该报发表的重要政论《政治与军事》。凡此种种，无疑都大大有助于郁达夫研究的深入。

自 1982 年 1 月起，香港三联书店和广东花城出版社联合出版 12 巨册《郁达夫文集》，标志着香港搜集整理郁达夫作品的工作进入了一个新阶段。这套文集相当于全集规模，凡当时海内外已经发现的郁达夫作品，除个别篇章外，均已编入①。仅以诗词为例，文集所收就比内地版《郁达夫诗词抄》增加 80 首之多。由于这套文集集郁达夫小说、散文、杂文、政论、文艺论文、日记、书信、诗词、译文之大成，人们几十年来第一次有可能根据这些翔实的材料对郁达夫复杂的创作个性和独特的艺术风格作出更为全面和公正的评价。当然，这套文集在编排和校勘上也存在一些缺点，已为香港的一些研究者所指出②。郁达夫生前曾自编《达夫全集》，其实"全集"不全，且半途辍止，这套《郁达夫文集》历时 3 载，在郁达夫被害 40 周年前全部推出，郁达夫九泉有知，亦可有以告慰了。

（原载 1985 年 10 月《香港文学》第 10 期）

---

① 当时海内外已经发现的郁达夫作品中，《介绍雕刻家杜迪希》和《因鸦片而想起的种种》，由于某种原因，未能编入文集。

② 张春风：《读郁达夫〈娱霞杂载〉》，见 1983 年 5 月 17 日香港《文汇报》；长天：《〈郁达夫文集〉订误一束》，见 1984 年 8 月 25 日香港《新晚报》。

纪念郁达夫百岁诞辰的书

近年出版界的一个惯例，每逢著名作家诞辰或逝世纪念日，正是推出这位作家的作品集和研究论著的大好时机。譬如今年鲁迅逝世60周年和茅盾诞辰100周年，精美的鲁迅《两地书真迹》（上海古籍出版社版）和茅盾《〈子夜〉手稿本》（中国青年出版社版）也就应运而生。12月7日是现代著名作家、五四新文学运动奠基人之一的郁达夫诞生100周年，除了在其家乡浙江富阳举行隆重的纪念会和国际学术研讨会，当然也不可无书，于是海内外读者有幸读到了《众说郁达夫》《千秋饮恨——郁达夫年谱长编》和《郁达夫手迹》三种颇有特色的新书。

《众说郁达夫》由蒋增福编选，浙江文艺出版社出版，凡30万言。书名就起得好，"众说"者，众声喧哗，各家各说之谓也。对郁达夫这样一位既有很大创作成就又颇具争议的作家，其亲友和研究者持有各种不同看法是完全正常的。全书以揭橥郁氏之精神风采、言行大节为概要，通过36位入选撰述者述介，勾勒出郁氏浪漫、曲折而又悲壮的生平大略。其中第1辑是写于20世纪三四十年代的印象记，当时人写当时之印象，即使是一鳞半爪，也真切生动，较之后来之追忆文字，感觉以至语调都有所不同；第2辑系中华人民共和国成立以后（主要是1980年代以来）郁氏文友或有过直接交往的中外文化人的回忆文字，史料价值自不待言，夏衍、楼适夷、赵家璧、严北溟等位的回忆尤为重要；第3辑则是中外研究者关于郁氏家事和生平若干史实的考述，如郁氏祖籍、《自传》的真实性和文学性、被害真相等，探幽发微，颇多新意。最后一辑是郁氏后人的回忆纪念文字，感情无疑更为深挚。此书不但对研究郁氏有较高的参考价值，对一般的郁达夫作品爱好者而言，也是真实了解其人其事的必备书。

《千秋饮恨——郁达夫年谱长编》由郭文友编著，四川人民出版社出版。此书为大32开精装本，135万字，厚达2 000余页，简直像块砖头。而且书脊的书名和纹饰烫金，全书护以亚光面红色护封，装帧之典雅大方，为近年同类书中所少见。这是迄今为止最为翔实的郁达夫年谱，对谱主所处的时代、所经历的生活、所创作的作品大要均不分巨细，认真编排胪列，同时也挖掘出不少鲜为人知的新史料，如郁氏晚年好友了娜（张紫薇）的下落等，为深入研究郁氏之不可或缺。郭文友本来专攻中医学，研究郁氏纯属"业余爱好"，但"票友"下海，有时也会一鸣惊人。尽管此书在史料取舍上尚可完善，如因成书较早误引郁氏佚文《战地飞鸿》的出处等。但瑕不掩瑜，这部费时十多载方始编就的郁氏年谱长编实在令人叹为观止。

《郁达夫手迹》由蒋增福和郁氏之孙郁俊峰合作编选，也是由浙江文艺出版社出版，由近年在影印古籍方面享有盛誉的华宝斋古籍书社印刷发行，为狭长16开线装精印本，古色古香，惹人喜爱。郁氏自不以书法名，但其书法确实别具一格，质朴而不拘挛，洒脱而有法度，素为海内外文化界所宝重。此书收录编选者精心汇集的郁氏墨迹70余帧，从内容看，包括诗稿、日记、书札、题词、集句等；从形式看，包括条幅、对联、斗方、扇面、书名题签等，琳琅满目。书末附郁氏书法赏析文字两篇和郁华、郁达夫咏富春山水诗一组以供参考。美中不足的是，部分墨宝因辗转翻录，字迹漶漫不清，书名似也可改为"达夫遗墨"而显得更贴切些。现抄录书中首次披露的郁氏早年佚文《〈丁巳日记〉序》，供海内外同好共赏。郁氏后来以《日记九种》传诵一时，此篇序虽作于1917年，读来也甚有趣，对日记文字可作为历史见证的功能和他年轻时的抱负颇多发挥：

丁巳日记序

浙江富春郁文氏著

去岁教育部有令留学生各记日记报部之举，亦有唱议反对者，予实亦非赞成此举者也。然日记为人生之反照镜，伟人烈士，其一言一动，多足以移易风尚而感化世俗，若不逐日记录,则其半生之事业功勋,只残留于国史传中之半张纸上,其一日一时之思想,一举一动之威仪,势必至如水上波纹,与风俱逝耳,是不亦可惜哉?予非伟人,予亦非烈士,然人各有志,时势若草,虽黄河浊水,亦有贯入银河之一日,为鹏为雀,因不能于细蛋时论定也。

此日记非为教育部令而著,亦非为他日史官之参考而著。要之如赤松麟迹,其一时一刻之变迁移易,俱欲使显然残留于纸上耳。

丁巳阳历二月十六夜

除此之外,北京三联书店也推出了郁达夫侄女郁风编选的《郁达夫海外文选》,因系再版重印,可按下不表。遗憾的是,此次未见有分量的研究郁氏作品及其创作道路的专著问世。国内的郁达夫研究就总体而言还停留在1980年代中后期的水平,没有新的突破,原因何在?值得中国现代文学研究者深思。

(原载1996年12月30日香港《星岛日报·书局街》)

── 第四辑　前言后语 ──

《郁达夫忆鲁迅》编后记

鲁迅和郁达夫，一位是伟大的文学家和思想家，一位是著名的作家和爱国主义者。他们从1923年2月初次交往开始，直至1936年鲁迅逝世，一直保持着真挚、深厚的友谊。这种友谊是建立在互相了解、互相欣赏、互相尊重的基础之上的。他们曾在反对帝国主义侵略、反对北洋军阀和国民党当局的斗争中密切配合，并肩战斗；他们也曾为发展"五四"以来的新文学而真诚合作，共同努力。就是在生活上，他们也一直互相关心和照顾。

诚然，由于经历、气质和禀赋的不同，他们在思想上存在着差距，鲁迅曾多次爱护和帮助郁达夫，直至对他提出诚恳的批评；而郁达夫也一直奉鲁迅为师友，以努力追随鲁迅为己任。鲁迅逝世以后，郁达夫仍像从前一样地热爱鲁迅，宣传鲁迅。他们两人的真挚友谊，在我国现代文学史上留下了一段佳话。本书收录的就是郁达夫所写有关鲁迅的文字，除了个别诗作、电文和启事之外，都可归入散文随笔一类。其中又可分作两大部分：一部分是专门的回忆录、评论和杂感等；另一部分是从有关文章中节选出来的可以相对独立的关于鲁迅的片断，这部分由我们酌加标题，以示醒目。所有文章一律按写作时间编排。

这些关于鲁迅的作品，不论是万言长篇，还是不满千字的短文，甚至片言只语，都体现了郁达夫散文随笔的特点：质朴平易而感情真挚。作者不事雕琢，不尚浮华，敞开自己的心扉，把敬慕与怀念鲁迅的真情凝注于笔端，使读者在看似平淡的文字中，感觉着作者感情波澜的涌动，因而产生共鸣，既对他所描述的伟大而又平易可亲的鲁迅如闻其声，如见其人，更从他所揭示的鲁迅的崇高精神和博大胸怀中受到教育和鼓舞。这些作品，虽然有些在细节上不无误记之处，有些观点未必精当，但总的说来，它们在数以万计的回忆和研究鲁迅的历史文献中可谓独具一格，对我们研究鲁迅、研究郁达夫、研究两人间的交往，都有着重要的参考价值。

为了便于读者理解，我们在编集时加了一些必要的注释。

同时，我们还编写了《郁达夫与鲁迅交往年表》附于书后（1936年10月鲁迅逝世后，郁达夫与鲁迅家属的交往及其有关著述和活动，也一并列入本年表），以便使读者更清楚更全面地了解这两位知友10多年的亲密交往和始终如一的友谊。

本书在编注过程中，得到前辈和同好的鼓励和支持。鲁迅和郁达夫的生前好友胡愈之先生亲自为本书题签，楼适夷先生翻译了本书所收的郁达夫的日文作品，汪金丁先生、赵家欣先生、郁风先生、于听先生和许多鲁迅及中国现代文学研究工作者都曾给我们帮助，北京鲁迅博物馆、上海鲁迅纪念馆以及京沪等地许多图书馆也曾给我们以便利，谨此一并致以衷心的感谢。本书不当之处在所难免，希望读者不吝指正。

1981 年 7 月于上海

（原载 1982 年 1 月广州花城出版社初版《郁达夫忆鲁迅》，此书与王自立先生合编）

《回忆郁达夫》编辑前言

郁达夫是我国五四新文学运动一位杰出的代表人物。他是著名的新文学团体创造社的发起人之一。他的第一本也是我国现代文学史上的第一本小说集《沉沦》，被公认为是震世骇俗的作品；在20世纪20年代，他的小说曾一度与鲁迅先生的齐名。他的散文、旧体诗词、文艺评论和杂文政论也都自成一家，不同凡响。他作品中强烈的主观色彩、感伤的抒情倾向和清丽自然的文笔，曾影响了成千上万的青年。郁达夫是被作为拥有自己风格的小说家、散文家、诗人、文艺评论家和杂文政论家而载入我国现代文学史的。作为一个最终为反抗法西斯侵略、捍卫人类和平进步事业而献身的烈士，郁达夫更受到人们的尊敬和怀念。在国外，尤其在日本和新加坡，郁达夫也一直享有很高的声誉。

研究一位作家，首先当然必须研究、分析他的作品，这是最主要的工作。但是仅限于此还不够，要全面考察这位作家的生活、思想和创作，同时代人对这位作家的有关回忆也绝不容忽视，因为他们的回忆往往会给研究工作提供新的资料，提出新的课题，从而有可能对这位作家进行新的探讨，作出新的评价。以往许多回忆鲁迅、郭沫若、茅盾等作家的文章对研究工作所起的重要作用就已证实了这一点。

在郁达夫研究领域里，从郁达夫1945年8月29日晚在印度尼西亚苏门答腊的巴爷公务被凶残的日本宪兵秘密绑架，惨遭杀害以后，国内外报刊就发表过不少有价值的悼念文章。1957年7月，新加坡南洋热带出版社出版了第一本回忆、纪念郁达夫的专集《郁达夫纪念集》。自1960年代中期起，新加坡和日本，以及中国香港、台湾地区等地的报刊时有回忆、纪念郁达夫的文章揭载，尽管有的是谬托知己，似褒实贬，但也不乏足资参考的好文章。特别值得一提的是，日本学者千方百计查访郁达夫的留日同学、文坛友好以及在苏门答腊流亡时的相识者，发掘整理了许多有关郁达夫生平和创作的新史料，使郁达夫研究工作在其早年的文学活动、晚年的被害之谜等方面有了重大的突破。

可惜在我们国内，"文革"前的17年，由于不公正地把郁达夫当作"颓废作家"，错误地夸大郁达夫作品中的消极面，结果使人视郁达夫研究为畏途，回忆郁达夫的文章只有屈指可数的寥寥几篇。"十年浩劫"中，田汉、孟超、陈翔鹤、王任叔等许许多多郁达夫的生前友好被迫害致死，更给郁达夫研究工作带来了无可挽回的损失。随之，郭沫若、成仿吾、阿英、冯乃超等郁达夫生前友好和知情者又相继去世，抢救有关郁达夫的回忆史料更成了刻不容缓的当务之急，这项工作必须有人来做，这项工作必须抓紧去做。

鉴于此，我们在编辑了《郁达夫文集》（共12卷，由广东花城出版社和香港三联书店联合出版）和《郁达夫研究资料》（上下卷，由天津人民出版社出版）之后，着手编集这本回忆文集。经过3年多的努力，又承湖南人民出版社的支持，这本《回忆郁达夫》终于在郁达夫遇害40周年纪念来临之际，与广大读者见面了。

本书文章大致可分为三个部分：

一、本书特约稿，作者有范寿康、钱潮、张友鸾、沈松泉、许幸之、冯至、孙席珍、刘开渠、刘海粟、李俊民、楼适夷、李剑华、许杰、周全平、白薇、王映霞、王宝良、王余杞、钱君匋、赵景深、赵家璧、季楚书、黄源、陆诒、唐弢、蒋授谦、臧云远、赵家欣、许钦文、盛成、徐君濂、乔冠华、石蕴真、胡伟夫、刘尊棋、金丁、张楚琨、吴柳斯和旅居英国的凌叔华、新加坡的胡迈、郑子瑜、广洽法师、黄葆芳、李金泉、泰国的吴继岳、印度尼西亚的郑远安，以及香港的朱渊明等先生。这一部分是本书的重点，其中有的篇章已先在海内外报刊上发表。

二、黎锦明、许峨、郁风、钟敬文、黄贤俊、余瑾、张白山、蔡圣焜、陈觉民、陈文瑛、郁飞、姚楠、王啸平、胡愈之和旅居美国的谢冰莹、新加坡的潘国渠、包思井等先生先前已发表的回忆郁达夫的文章，因为内容都较重要，我们征得作者同意,一并收入本书。除个别篇章外,这些回忆录均由作者重新作了修订。

三、已故的郭沫若、郑伯奇、叶灵凤、黎烈文、易君左和日本的小田岳夫先生回忆郁达夫的旧作,这些文章在过去众多的回忆录中具有一定的代表性,且不常见或不易见,故而入选。诚然,这类文章中还有陈翔鹤、王任叔等人的回忆录也很著名,因已选入《郁达夫研究资料》,本书限于篇幅,所以只能割爱了。

所有文章均按作者与郁达夫交往的先后顺序排列,个别的略有调整。这些作者中,既有郁达夫留日时的同学和文艺界的朋友,也有他的学生和受过他指导、帮助的文学青年,既有他在福建省政府和星洲日报社工作时的同事,也有他在苏岛流亡期间患难与共的战友,此外还有他的子女和昔日的亲人。

郁达夫一生各个时期的活动,包括留学日本、创办创造社、执教北京大学、南下广州、大革命前后在上海、迁居杭州、抗战军兴去武汉、远走南洋,直至最后以身殉国,在本书中都或多或少得到了反映,从中可以清楚地看到,虽然郁达夫的生活和创作道路比较复杂曲折,但是对祖国和人民的热烈的挚爱,对艺术的执著的追求,对真善美的向往和对假丑恶的憎恨,却始终如一,贯穿他的一生。他具有正直、率真的可贵品格,他是一个真正的爱国主义者和民主主义战士。许多作者还对郁达夫的思想观点、生活态度与气质性格的长处和弱点,对他的作品的独异的艺术特色和局限性,以及他生平的一些引人注目的事件发表了自己的看法，当然观点并不一致，甚至还有分歧，但都能给我们以有益的启示，有助于我们进一步深入研究。

为本书撰稿的各位前辈均以谨严的写作态度回忆、缅怀郁达夫，有的要求我们尽可能提供有关的文字材料以帮助回忆，有的对文章反复修改，数易其稿，不过，由于年代相隔较久，有些文章在史实上仍难免略有出入。凡是我们已经发现了的，均已征得作者同意，作了相应的修改。作者已经去世的或因其他原因来不及征求作者意见的，则由我们对文中明显的误记加了一些简要的注释。至于对一些有争议的史实，则保留不同的说法，以备进一步查考。

本书的作者凡健在者，大都年事已高，其中不少人还历尽艰难曲折，健康状况一般说来都不够好，有的还住在医院里，很多人依然壮心不已，活跃在思想文化界，担负繁忙的社会工作。尽管如此，他们仍克服困难，热情惠稿，使我们深受感动。国外作者不远千里寄来佳作，更属难得。许多作者还把自己保存多年的郁达夫照片、手迹提供本书发表，弥足珍贵。我们谨此一并致以衷心的感谢。

中共中央顾问委员会委员成仿吾老，当年与郭沫若、郁达夫一起创建创造社，是郁达夫的好友，他在重病中审阅了本书初选目录，不幸这位中国新文学的先驱者已在今年5月17日与我们永别了。其他好几位热情为本书撰稿的先生也已先后离开人世，未能看到本书的出版，我们在此对他们表示沉痛的哀悼和怀念。

郁达夫生前友好刘海粟先生热情为本书封面和扉页题签，钱君匋先生当年为《达夫全集》设计过封面，如今又欣然担负本书的装帧设计，这些都富有纪念意义，我们也谨向他们致以衷心的感谢。

郁达夫生前友好沈从文先生和远在新加坡的刘延陵先生因在病中，一时无法为本书撰稿，但他们都很关心本书的编辑和出版，也应在此致谢。

郁达夫有许多友好故旧在台湾，可是人为的阻隔，使我们无法约请他们惠稿，令人深感遗憾。我们相信这种不正常的状况一定会改变，海峡两岸的郁达夫生前友好和研究工作者定将聚集一堂，共同纪念和研究这位著名的文学家和爱国志士。

1984 年 10 月于上海

（原载 1986 年 12 月湖南文艺出版社初版《回忆郁达夫》，与王自立先生合编）

《卖文买书——郁达夫和书》编后缀言

"中国现代第一流的诗人和作家"（胡愈之语）郁达夫，酷爱读书、藏书。从念中学时购读《西湖佳话》和《花月痕》开始，无论在北京、上海、杭州、福州，还是在日本和新加坡，郁达夫数十年如一日，不但奋笔著译，而且节衣缩食，大量购书，勤奋读书。这在他自己的文章和亲友的回忆录中都有生动的反映。他爱书如命，称之为"书迷""书痴"，是再恰当不过了；"绝交流俗因耽懒，出卖文章为买书"的诗句，正是他在这方面的自我写照。日本侵略者的魔爪，使郁达夫损失了留在杭州的数万册珍贵藏书，他在《敌我之间》一文中把这事与老母和胞兄的惨死、爱人的离异相提并论，痛惜不已。在印尼流亡期间，尽管处境险恶，他仍搜求了数千册英、荷、日文书籍，坐拥书城，潜心研读。直至殉难前夕，还打算翻译林语堂的长篇小说《瞬息京华》[①]和丘吉尔的《战时演说集》等

[①] 郁达夫的遗愿已由其子郁飞完成，郁飞所译《瞬息京华》，1991年12月由湖南文艺出版社出版。

书。综观达夫一生，可说与书结下了不解之缘，他著书之真诚，读书之广博，藏书之丰富，评书之直率，在中国现代作家中都是首屈一指的。

因此，我们想到，如果把郁达夫关于中外图书的各类文章结集在一起，也许有人会喜欢读，因为从中可以清楚地领略郁达夫关于著书、译书、编书、印书、买书、读书、评书、藏书、失书的精辟见解，可以增长许多有关书籍的见闻，从而有助于我们陶冶读书的情趣，提高读书的鉴赏能力。出于这种考虑，在范用、沈昌文和秦人路先生的热情支持下，我们编选了这本《卖文买书——郁达夫和书》。

本书分为四辑，第一辑是郁达夫为自己的著译所作的序跋；第二辑是郁达夫为他人的著译所作的序跋；第三辑是郁达夫披阅古今中外各类书刊后所写的评论、介绍文章；第四辑是郁达夫综合各类图书写出的专论或札记，以及泛论买书、读书、藏书和图书馆作用等方面的文章。郁达夫关于图书的著述，除个别篇章外，都已收在这里，各辑都分类按发表时间先后编排，其中部分文章是最近才发掘出来的，为第一次结集。为了便于读者阅读，我们还对郁达夫作序和评介的中国现代书刊的版本加了一些必要的注释，至于中国古籍和外国作品的版本源流，一则情况比较复杂，二则郁达夫自己在文章中已不同程度地作了介绍，我们一般不再加注。

此外，已经公开的郁达夫日记中也有许多图书评介和关于买书、读书的记载，虽系随手所记，或者只是三言两语，但仍不乏具有真知灼见的体会和发挥，也更全面地展示了郁达夫读书的兴味和偏好之所在，所以我们又辑集了《郁达夫日记中关于图书记载摘编》，作为本书的附录。凡日记中能相对独立的对中外书刊及其作者带有感想和评介性质的文字，绝大部分已收录在内。不过，单纯买书和读书的记录，因日记中比比皆是，为免过于琐碎和节省篇幅，就只能割爱了。

最后，谨向热情关心和鼎力支持本书编辑出版的郁达夫先生子女和浙江文艺出版社致谢，向一贯重视文化积累、玉成本书出版的三联书店致谢，并欢迎海内外的"书迷"不吝指教。

1986年夏于上海
1991年冬改定

（原载1995年3月北京三联书店初版《卖文买书——郁达夫和书》，此书与王自立先生合编）

没有"创造气"的郁达夫
——《逃避沉沦》编者序

今天的文学爱好者,对郁达夫这个名字感到陌生的大概是越来越少了。稍微有点中国现代文学史常识的人,谁不知道郁达夫的成名作《沉沦》在五四新文学运动中引起的震撼?谁不清楚郁达夫众多回肠荡气的抒情小说、散文和旧体诗在文学史上的独特地位?又有谁不为他最后惨遭日本侵略者毒手而痛惜万分?因此,再简单复述郁达夫的生平和创作历程似乎已成为多余的了。

其实,郁达夫不但是位杰出的作家,同时也是位难得的文学活动家。在20世纪20至40年代的中国文坛上,郁达夫交游广阔,真可以用"谈笑有鸿儒,往来无白丁"来形容。在"创造社"诸子中,郁达夫是唯一被鲁迅视为没有"创造气"而与之亲密合作的作家;对当时新文学运动的各个社团、各种流派,哪怕是互相对立的,他都一视同仁,友好往来;他对前辈作家和文化人表示应有的尊重,对文学青年的提携更是不遗余力,他对沈从文的帮助早已传为文坛佳话,至今仍为文学史家所津津乐道。如果要开列一份郁达夫与之交往的现代作家、艺术家和其他文化界人士的名单，那将会是相当可观的。有人称徐志摩是"大家的朋友"，郁达夫又何尝不是如此？收入本书的郁达夫这些怀人忆旧篇章只不过是他文坛交游的一小部分记录而已。

把郁达夫对同时代人的回忆和同时代人对郁达夫的回忆（当然，远不是全部）搜集编排在一起，对照阅读，看看郁达夫写了哪些人，是怎样写的，再看看有哪些人写了郁达夫，又是怎样写郁达夫的，很有意思。这些文章感情深挚、文笔隽永自不必说，历史细节的记误有时也在所难免，重要的是它们为中国20世纪20至40年代的文坛留下一份真实的历史画卷，从一个特定的侧面再现了那一代知识分子的所感所思，所追求的人生价值。我们大可从中捕捉郁达夫的气质禀赋、为人处世、心路历程，以及他与同时代人的互相认识，互相评价，从而丰富我们对那个早已远去的时代的想像，加深我们对这些有名或不太有名的作家、艺术家、学者的理解。本来，历史人物也是立体的，活生生的，这部新的回忆文选不就是又一个证明吗？

是为编者序。

1997年2月23日于上海

（原载1998年1月上海东方出版中心初版《逃避沉沦》）

写在《沉沦》新编本前面

用今天的标准来衡量,郁达夫无疑是20世纪中国文学史上最为成功的畅销书作家之一。

郁达夫(1896—1945)出生于风景秀美的浙江富阳一个已经破落的书香之家。1913年随兄赴日留学,1919年入东京帝国大学经济学系,但他没有成为经济学家,却与郭沫若、成仿吾、张资平等发起组织创造社,以打破当时中国新文坛文学研究会一家独大的局面。1921年9月回上海创办《创造季刊》,一个月后出版中短篇小说集《沉沦》,以前所未有的大胆和凌厉,揭起专写中国知识青年内心苦闷彷徨的浪漫抒情小说的大旗,成为20世纪中国文学史上划时代的大事。

此后的郁达夫,一方面先后在安徽公立法政专门学校、北京大学、武昌师范大学、广州中山大学等校任教,另一方面全身心地投入新文学创作和翻译,佳作纷陈。1927年以后,郁达夫定居上海,出版轰动一时的《日记九种》,同时退出已经"左"得可爱的"创造社",转而与鲁迅密切合作,编辑

《奔流》杂志。30年代初，一度列名为中国左翼作家联盟发起人。1933年移居杭州，陶醉于浙江的山明水秀之中，写出了一批后来脍炙人口的游记文字。抗战军兴，加入中华全国文艺界抗敌协会，口诛笔伐日本侵略者。1939年远走新加坡主持《星洲日报》副刊编务，并发表被誉为"千古绝唱"的《毁家诗纪》，再次引起海内外政界和文坛的关注。1941年太平洋战争爆发，流亡印尼苏门答腊，1945年惨死于日本宪兵的屠刀之下。

作为20世纪中国浪漫抒情派小说的先驱和中坚，郁达夫的作品以"自叙传"的形式表现自我，惊人的坦白，惊人的真诚。这些作品刻划自我心灵的感伤颓荡，抒写追求个性自由的愤世嫉俗，细丽清纯，凄切哀惋，是五四时期个性主义最坦率的艺术宣言，也是30年代坚持文学本位的杰出代表。其中，早期的《沉沦》、中期的《春风沉醉的晚上》和《过去》、后期的《迟桂花》等名篇，均已成为20世纪中国小说的"经典"，一再为中外文学史家所津津乐道，也为一代又一代中国文学爱好者所爱不释手。

这部郁达夫小说精选集《沉沦》收入郁达夫各个时期的代表作，既有人们熟知的《沉沦》《春风沉醉的晚上》《薄奠》等篇，更有长期不为人注意，其实在艺术上颇有特色的《迷羊》和他惟一的长篇《她是一个弱女子》。一卷在手，公正的读者自可细细品味郁达夫小说具有独特个性的描写风格和语言风格，同时思考郁达夫小说在当年不胫而走的深层原因。毕竟，郁达夫的小说当年曾管领新文坛风骚，他的声名一度与鲁迅相颉颃啊。今天的读者，如果喜爱文学，却对郁达夫不甚了然，不认真读点郁达夫，那是难以想象的。

2002 年 8 月 26 日

（原载 2002 年 9 月经济日报出版社初版《沉沦》）

说新编《郁达夫游记》

在二十世纪中国文学史上，若论写小说，郁达夫虽然以《沉沦》一举成名，影响很大，毕竟还坐不到第一把交椅，但若论写山水游记，郁达夫应该可以稳坐首位。

郁达夫生前就出版了《屐痕处处》（一九三四年六月上海现代书局初版）和《达夫游记》（一九三六年三月上海文学创造社初版）等书。《屐痕处处》出版时，出版社是这样推荐的：

> 达夫先生近年来对于文艺作品，极少写作。最近应杭江铁路局通车纪念之邀，旅游浙省中部名胜，山川佳丽，都来笔底，凡成游记文十余篇，都为此集。达夫先生之散文小品，久已脍炙人口，此书尤可推为今年"小品年"之上选。（一九三四年八月《现代》第五卷第四期）

可见当时文坛就对郁达夫的山水游记评价很高。后来的文学史家也认为郁达夫的山水游记把"现代的山水游记创作推向了一个新的高度"（俞元桂主编《中国现代散文史》修订本，一九九七年山东文艺出版社版）。这还不包括郁达夫未能收集而散见于当时各种报刊的大量山水游记。现在《郁达夫全集》中所收录的郁达夫游记，在他的散文创作中占着一个相当突出的位置。不仅如此，在郁达夫的小说和自传（未完成）中，也有许许多多生动的风景描写，郁达夫其实是五四新文学运动初期最早在小说中尝试现代风景描写的。因此，或许可以这样说，如果没有了风景写作，恐怕也就没有了郁达夫。

人类对风景的认知历史可以追溯到很早，中国古典文学史上的山水游记和山水诗也是源远流长。郁达夫在小说《沉沦》中就引用过唐代诗人吴融《富春》"一川如画"的诗句。他的山水游记正是继承了"人文化"和"文人化"的中国山水游记传统，不仅文笔优美，写景细腻，而且多引用历代名家的笔记和游记，多引用古典诗词和联语，也多引用方志和乡邦文献，这些引用又都恰到好处。更难得的是，郁达夫的山水游记中始终有一个有着丰富的风景阅历的作者在，有一个活生生的郁达夫在，这就形成了郁达夫山水游记特别显著的标记，也凸显了郁达夫个人独特的"风景的发现"（日本柄谷行人语）。

郁达夫是浙江富阳人（富阳现已并入杭州市），故乡山明水秀，乡思绵绵不断，所以，郁达夫的山水游记以写杭州和富阳一带为中心，并由此向浙江各地辐射，向大江南北辐射。他写杭州富阳，写浙东浙西，写苏州扬州，写北京福州，乃至写南洋的槟城和马六甲，都引人入胜，自出机杼。他不但写出了这些所到之处的自然美景，还记录了这些地方当时的风土人情。他带着现代人的眼光，带着受过西方文化洗礼的观察者的眼光来描绘和阐释他所看到的一切，不但让当时也让今天的读者兴味盎然。《钓台的春昼》《故都的秋》《花坞》《西溪的晴雨》《超山的梅花》《江南的冬景》等等，也都成了脍炙人口的现代经典名篇。

本书汇集郁达夫各个时期的山水游记，除了过于专门的《黄山札要》等个别篇章限于篇幅未入选外，郁达夫留下的山水游记已荟萃于此矣。一编在手，希望能带给读者以全新的阅读感受和更多的鉴赏启示，正如郁达夫自己所说的，阅读这些游记能"使人性发现，使名利心减淡，使人格净化"（《闲书·山水及自然景物的欣赏》）。

（原载 2019 年 12 月上海三联书店初版《郁达夫游记》）

《全集补》出版说明

郁达夫是20世纪中国文学史上极为重要的新文学作家、旧体诗人。但是,对郁达夫作品的收集、整理和出版,却走过一段坎坷、曲折而又漫长的路。

早在郁达夫生前,就已经出版《达夫全集》了。从1927年至1933年,由上海创造社出版部、开明书店和北新书局陆续出版了《达夫全集》第1至7卷,即《寒灰集》《鸡肋集》《过去集》《奇零集》《敝帚集》《薇蕨集》《断残集》。开始出版这部全集时,郁达夫正好三十而立,他在《〈达夫全集〉自序》中说:

> 在未死之前,出什么全集,说来原有点可笑,但是自家却觉得是应该把过去的生活结一个总账的时候了。自家的精神生活,以后能不能再继续过去?只有天能知道,不过纵使死灰有复燃的时候,我想它的燃法,一定是和从前要大异……

自家的作品，自家没有一篇是满意的，藏拙删烦，本来是有良心的艺术家的最上法门，可是老牛舔犊，也是人之常情，所以这全集里，又把我过去的作品全部收起来了。①

这部最早的《达夫全集》开了新文学作家出版全集的先河，虽然全集并不全，遗漏甚多，毕竟这是第一部郁达夫"全集"。

抗战胜利，郁达夫却在日本投降消息传出之后被暗害，长眠南洋。1949年《达夫全集》编纂委员会成立，由郭沫若、郑振铎、刘大杰、赵景深、李小峰和郁飞六人组成。按照当时发表的《〈达夫全集〉出版预告》，北新书局计划出版的《达夫全集》分短篇小说、中篇小说、日记游记、散文杂文、文艺论文和译文杂著（附陆丹林整理之达夫旧诗）6大卷。遗憾的是，这部新的《达夫全集》已经打出校样，却终因形势发展太快而被迫搁浅。主其事的赵景深晚年对此有具体的回忆：

一九四九年我参加第一次全国文代大会时，曾由陈子展陪我去看郭沫若，询问沫若是否可以出《达夫全集》。沫若认为其中黄色描写有副作用，不宜出全集，只能出选集。后来书店都要国营，北新书局合并到四联出版社，再合并到上

---

① 郁达夫：《〈达夫全集〉自序》，《郁达夫研究资料》上册，王自立、陈子善编，天津：天津人民出版社，1982年，第190、193页。

海文化出版社，因此这部《达夫全集》始终未能刊行。①

果然，中华人民共和国成立之后，1951年7月北京开明书店出版了丁易编选的1卷本《郁达夫选集》（1954年11月改由人民文学出版社再版），1959年6月人民文学出版社又出版了冯雪峰新编的1卷本《郁达夫选集》。前三十年出版的郁达夫作品，仅此薄薄的两种而已。

值得庆幸的是，改革开放以后，随着文艺界思想解放，"重写文学史"，较大规模地出版郁达夫作品也重新提上议事日程。广州花城出版社与香港三联书店合作，率先自1982年1月至1984年5月出版了12卷本相当于全集规模的《郁达夫文集》。稍后，郁达夫故乡的浙江文艺出版社也陆续推出各种体裁的郁达夫作品集，郁达夫作品的搜集、整理和出版开始走上正轨。

1992年12月，在郁达夫逝世47年之后，第一部《郁达夫全集》终于问世。由浙江文艺出版社出版的这部《郁达夫全集》分小说、散文、文论、杂文（以上每种各2卷）、诗词、译文、书信、日记共12卷，其《出版说明》说得很清楚：

> 本版《郁达夫全集》……收集了郁达夫从事文学创作三十余年来的各类著述（包括翻译作品），按文体分类编年，

---

① 赵景深：《郁达夫回忆录》，《回忆郁达夫》，陈子善、王自立编，长沙：湖南文艺出版社，1986年，第273页。

是迄今最为完备的郁达夫著作汇纂。①

到了 2007 年 11 月，浙江大学出版社推出了新的更为完备的《郁达夫全集》。与浙江文艺出版社版《全集》相比，虽然浙江大学出版社版《全集》仍为 12 卷，却有不少令人惊喜的增补。譬如小说卷，新增达夫早期短篇《圆明园的秋夜》，散文卷新增《上海的茶楼》《看京戏的回忆》等，杂文卷新增《假使做了亡国奴的话》《战时的文艺作家》等，诗词卷新增七绝《癸酉夏居杭十日，梅雨连朝》《寄题龙文兄幼儿墓碣》两首，书信卷则新增早期致孙荃的 5 通，以及后期致王映霞的《闽海双鱼》《战地归鸿》和致夏莱蒂的《南洋来的消息》等 8 通，从而为更全面地研究郁达夫提供了新的可能。

然而，新的《郁达夫全集》依然不全。从 2007 年至今，九个年头过去了，在现代文学研究者的共同努力下，郁达夫留下的文字，包括杂文、书信、诗词和题词等，都有新的发现。这本《全集补》就是 2007 年版《郁达夫全集》出版之后，尚未编集的郁达夫作品的汇编，是对《郁达夫全集》的补充。

不难看出，《全集补》中书信数量最大，竟有 22 通之多。其中郁达夫 1917 年 9 月 22 日、10 月 17 日和 1918 年 2 月 1 日致孙荃 3 通，虽浙江大学出版社版《全集》已收，但只是片断，《全集补》均全信收入。杂文有《福建的文化》等 3 篇，

---

① 《出版说明》，见《郁达夫全集》第 1 卷，杭州：浙江文艺出版社，1992 年，第 1 页。

诗词仅《题〈山居集〉》1首，还有《题陈力夫纪念册》等题词4则。需加说明的是，《教育要注重发展"创造欲"》等3篇郁达夫演讲记录稿，由于未经郁达夫本人审定，只能作为附录收入，以供参考。其中《中国新文学的展望》有两篇各有侧重的记录稿，就一并收入供读者比较。窃以为这样做，将有利于郁达夫研究的深入。

这本《全集补》能够编成，应该感谢打捞出这些郁达夫集外文字的有心人，他们中有郁峻峰、陈建军、宫立、汤志辉、朱洪涛、金传胜等位，我只是总其成而已，特此声明。

最后，应加说明的是，今年12月7日是郁达夫诞辰一百二十周年，这本《全集补》的编辑出版，亦可视为对这位天才作家的一个小小的纪念。

2016年11月1日于海上梅川书舍

（原载2016年12月北京海豚出版社初版《全集补》）

第五辑　附录

你知道鲁迅先生是怎样抽烟的吗?
——郁风老师琐忆

认识郁风老师是上个世纪70年代末的事了。那时我醉心研读郁达夫,郁风老师是郁达夫的侄女,自然非拜访请益不可。每次进京,我都要去向郁风老师汇报搜集整理郁达夫作品的进度。她和苗子先生都很好客,尽管他们当时的南小街芳嘉园住所又小又挤,仍一次又一次地热情接待我,有问必答,有求必应,不厌其烦。

一次与郁风老师见面闲谈,她突然严肃地问我,你对"郁(达夫)王(映霞)婚变"怎么看?我陈述了自己的看法后,她笑了,说我们的观点一致,不过,不一致也没关系,我们可以争论。接着她取出一份文稿交给我,让我好好研究。这是郁达夫《毁家诗纪》抄稿的复印件,我不禁纳闷,郁达夫这组"可以称为绝唱"(郭沫若语)的旧体诗词不是早就公之于世了吗?何况又是再平常不过的抄稿,为何还要我"研究"?她见我一脸疑惑,提醒我注意抄稿右上角茅公的一段批语,和抄稿末尾的落款"知名不具",我这才惊觉起来。回沪后认真一查，不得了，这份《毁家诗纪》的字句特别是诗后的"原注"竟与早已在香港《大风》旬刊发表、现仍珍藏在北京图书馆的那份手稿大有出入，是我们长期一无所知的《毁家诗纪》的另一种手稿！考证其真实性、研究其价值、探究其来龙去脉，就成了郁风老师交给我的"任务"。我后来果然真的见到了这份珍贵的手稿的原件，更大致查明了手稿的流传经过，涉及郭老、茅公、知堂老人等文坛大家，其间的曲折离奇，简直是一出当代传奇。遗憾的是，一直没有合适的机会把我的发现原原本本地告诉郁风老师，现在后悔也来不及了。

郁风老师是谦虚的。1984年秋她的第一部散文集《我的故乡》刚问世，郁风老师就马上题赠给我，除了写上我绝不敢当的"陈子善同志存正"之外，还特别写下一段话："一九八四年八月因远在新疆，未及看清样，误植之处不少，印刷纸张低劣失真，只能遗憾！"在送我的这册《我的故乡》上，她仔细地用红笔一一校正错字和漏排，增写插图说明，补注各文出处，如此一丝不苟。我现在重新翻读，遥想当年情景，仍然深受感动。

郁风老师又是善解人意的。苗子先生是大书法家，我很想得到他的墨宝，却又踟躇着不好意思贸然开口。她老人家猜出了我的心思。有次我拜访她，正巧苗子先生在铺纸濡墨，准备挥毫。她见我欲言又止，就悄悄问我：你是不是想要苗子的字？我来跟他说，你想要他写什么内容？这真让我喜出望外，厚颜要身为郁达夫侄女婿的苗子先生书写一首郁达夫的诗。不久苗子先生一副俊美飘逸的达夫七绝《自万松岭至凤山门怀古有作》就翩然飞到我的案头，至今仍悬挂在我书房，视为拱壁。

最后一次见到郁风老师是在2005年10月浙江嘉兴第八届巴金国际学术研讨会上。研讨会召开前一周，巴老溘然长逝，但研讨会仍如期举行。郁风老师和苗子先生不辞高龄，相携而至，与海内外学界同仁一起缅怀巴老的道德文章。我是第一次听到她在大庭广众发言，条理之清晰，感情之深沉，绝非应景的陈词滥调可比。尤其是她强调巴老虽未留下遗嘱，但呼吁建立"文革博物馆"，就是巴老最大的遗嘱，这点不能不使我肃然起敬。

我与这两位可爱可敬的老人已睽隔多年，因此接连两天早餐时我都与他们在一起。他们像两个老顽童，机智幽默，谈笑风生，文坛艺苑的秘闻轶事信手拈来。郁风老师有点责怪我：我们很久不见了，你怎么不来北京？苗子先生特意写下电话号码，嘱我到北京一定去他们家聊天。

研讨会闭幕晚宴上，我又与郁风老师和苗子先生同桌。酒过三巡，我点燃了一支通常是女士抽的摩尔烟。邻座大惊小怪起来，又因为全桌仅郁风老师一位女性，竟怂恿我向她敬烟。这"吸烟是有害健康"的，弄得我有点尴尬。郁风老师笑着说，我已多年不抽烟了，但你敬我，我可以破一次例。当她把烟递向嘴边时，又突然停住，向我发问：你知道鲁迅先生是怎样抽烟的吗？我一下子被问住了，不知如何回答。郁风先生就把烟拿在大拇指和食指中间向全桌的人示范，大家这才恍然大悟。原来鲁迅抽烟不是把烟夹在食指和中指之间，他的姿势与众不同，只有烟瘾很重很重的人才会这样抽烟。于是郁风老师娓娓而谈，回忆起1934、1935年间，郁达夫来上海时经常带她去内山书店，经常在内山书店见到鲁迅；还回忆了鲁迅应郁达夫之请，多次赠送他自印的版画集给正在学习美术的郁风，包括1936年出版的八开珂罗版宣纸精印的《凯绥·珂勒惠支版画选集》，郁风老师还清楚地记得版权页上有鲁迅亲自用毛笔所画书编号"37"。我边听边在想，这是多么重要而有趣的文坛掌故啊，一支小小的摩尔烟，竟让郁风老师打开了记忆的闸门，太值得了。

　　两个多月前在香港董桥先生的宴席上巧遇苗子先生，我还为郁风老师的病情有所稳定而高兴，没想到她这么快就谢世了，我以后再也听不到她爽朗的笑声了。苗子先生说的完全对，郁风老师"最不喜欢别人为她哀伤"，那么，我就忍住悲痛写下这些与郁风老师交往的点点滴滴以为怀念，我将会一直"记住她的风度、爱心、艺术"！

（原载2007年香港《文学研究》夏之卷第六期）

一位普通的郁达夫研究者
——纪念达夫长子郁天民

在《郁达夫的妻儿近况》（载《明报月刊》1988年11月号）中介绍郁达夫长子郁天民先生，实在过于简略，对天民先生的生平行谊，应该是很有些可说的。

天民先生系达夫与元配夫人孙荃之子，1926年3月出生于浙江富阳镇郁氏旧宅，小名熊儿。后由其母抚养成人，1951年9月毕业于上海东吴大学法学院。1950年代先后在杭州浙江省高等人民法院和省司法厅任职，一度从事民法和涉外法的研究。1957年被打成右派，监督劳动，两年后回原籍与老母同住，"文革"中又被戴上"三十年代资产阶级作家孝子贤孙"的高帽游街示众，受尽折磨。"四人帮"被蕲除后，天民先生的冤案也彻底平反。他先在富阳县文化馆和文化局工作，后来又被选为县政协副主席兼文史资料委员会主任、浙江郁达夫研究学会副会长。正当天民先生大展宏图之际，讵料才长命促，于去年12月6日不幸病逝。

对海内外广大读者来说，郁天民这个名字可能会感到陌生,但只要提起"于听"其人其文,凡关心郁达夫研究的,一定会很熟悉。天民先生写得一手漂亮文章,早在求学期间,就作有情真意切、文采斐然的《先君郁达夫行述》。从 1950 年代初起,他致力于郁达夫研究,为达夫子女中研究乃父第一人。他在十分困难的条件下,冒着风险,与周艾文先生合作,搜集、整理、编印《郁达夫诗词抄》,此书历时 30 余年方始得与读者见面。1979 年以来,天民先生更是文思飞涌,用"于听"笔名在香港《文汇报》、北京《新文学史料》《文化史料丛刊》、杭州《西湖》等报刊上发表了大量研究郁达夫的文章,较重要的有《郁达夫生平事略》《说〈钓台的春昼〉》《郁达夫与日本文士的交往》《郁达夫与〈夕阳楼诗稿〉》等。特别是他晚年数易其稿,抱病撰就的《说郁达夫的〈自传〉》,在披露许多鲜见史料的基础上,对郁达夫早期生活和创作提出了自己的独到见解,获得海内外郁达夫研究界的一致好评。可惜他还有一系列的研究计划来不及完成。而天民先生之所以坚持不署真名发表论著,正如他自己所说:"我历来不愿意以郁达夫儿子的身份出现来做文章,而愿意以一个普通研究者来参加研究工作。"其治学态度之谨严慎重,由此可见一斑。中国现代作家子继父业的不乏其人,如叶圣陶之有叶至善、叶至诚兄弟,老舍之有舒乙,巴金之有李小林、李小堂姐弟,曹禺之有万方,钟惦棐之有阿城、顾工之有顾城等,天民先生虽不及他们有名,也可算是其中的佼佼者了。

天民先生善饮健谈,为人诚恳,颇有乃父遗风。数年前,笔者因编订《郁达夫文集》和《郁达夫研究资料》，多次造访天民先生，一直受到他的热情接待；他给笔者的复信也有厚厚一叠，解惑析疑，有求必应。上述两套书中首次公开的郁达夫与孙荃合影和一些郁达夫手迹，都是他慷慨提供的。天民先生还藏有郁达夫20世纪二三十年代日记、达夫致孙荃的信札以及部分手稿，包括长篇《她是一个弱女子》和从未发表过的早期小说《两夜巢》（即郁达夫成名作《沉沦》的初稿）、《圆明园的一夜》、散文《绿杨城外》《蜉蝣日记》《囚居日记》等，数量相当可观，不轻易示人，笔者有幸亲睹一二，均极为珍贵，是研究郁达夫乃至整部中国现代文学史不可或缺的重要史料。当时也曾口头商定，待香港三联的《郁达夫文集》出齐之后，在适当时候加以整理，作为文集"补编"陆续推出。因为天民先生认为郁达夫在这些日记和书信中议论时政，臧否人物，信笔所至，毫无顾忌，有些当事人至今健在，如过早公布，恐有诸多不便。但是由于种种原因，这个设想到天民先生去世都未能实现。最近听说天民先生后人已着手进行这项工作，当然令人高兴，但愿达夫这批遗著能够早日问世。

去年4月，笔者为编辑《薄海悼诗魂——回忆纪念郁达夫诗词集》向天民先生征稿，他回信表示："据告将编集回忆、纪念诗词，确是一件很有意义的事。为表示我的赞赏与支持，承索近年拙作歪诗，也就顾不得藏拙，容我抽时间整理出来，定将一并抄奉求教。"果不多久，他就寄来了五首七绝。这是笔者与天民先生最后一次通信。郁达夫的旧体诗词在中国现代作家中首屈一指,早已众所周知。郁达夫尤擅七绝,其风格清新俊逸,独具神韵,论者有"置于唐人集中几可乱真"[①]之誉。天民先生可谓得乃父真传,所作七绝同样为友好所传诵,现抄录三首《富春吟》,作为这篇纪念小文的结束:

鹳山双烈亭
覆地寒威拔地枝,双松挺秀鼎堂诗。
春来两岸花添锦,只有潮声似旧时。

松筠别墅陈列室,用曼陀《静远堂诗·小院》诗韵
果然经久桂花迟,重理遗篇薄莫时。
岁月如流淘浊去,江河万古乱离词。

达夫弄故居,再叠前韵
不怨年年花发迟,故家门巷似当时。
饶他喋喋鸡虫失,却话南荒百万词。

(原载1989年2月香港《明报月刊》第278期)

---

① 吴战垒:《郁达夫诗词》,《郁达夫研究资料》,香港三联书店,1986年11月版。

郁黎民先生的《我这一生》

屈指一算，研究郁达夫的时间已经很长了，如果从与王自立先生合作编订《郁达夫忆鲁迅》出版算起，已有整整三十一年了。尽管成果不多，进展不大，但有一点足堪自慰，作为研究者，我与达夫的子女和后人一直保持着虽不十分密切却很融洽的交往。

由于地理的原因，我与达夫长子郁天民先生、次子郁飞先生来往较多。曾多次到富阳拜访天民先生，到杭州拜访郁飞先生，多次与他们长谈，多次在郁达夫研究上得到他们的启发和帮助，当然，也有不同看法的交流和探讨。尽管如此，因为话题大多围绕达夫展开，我对他们两位自己惨痛经历的了解反而不是很多。而今，天民先生早已作古，郁飞先生远在美国而且患病，想再请教他们也都不可能了。

这就该说到郁黎民先生这部感人至深的回忆录《我这一生》了。黎民先生是达夫先生的长女，今年已高龄89岁。我1985年秋到富阳参加郁达夫殉难四十周年国际学术研讨会，首次与黎民先生相识。以后又数次在富阳见面。她是一位和蔼可亲的老人。天民先生曾告诉我：姐姐是教书的，与你同行。这使我对这位同行前辈倍增敬意。

但是我当时并不知道黎民先生像她几位弟弟一样，也继承了父亲的文学才华，是一位出色的女诗人，文章也写得好。及至最近读到她的《郁黎民文存》，读到她的《我这一生》书稿，我才发现必须重新认识黎民先生。

在《我这一生》中，黎民先生以饱蘸感情的笔触，追忆了父亲郁达夫、母亲孙荃、大伯父郁华、二伯父郁浩、丈夫邹陔笙、弟弟郁天民……追忆了自己从童年直到老年，曲折的、磨难不断而最终仍有欢笑的人生历程，写得真切生动，催人泪下。

拜读《我这一生》之前，虽然我对黎民先生那代人先是身处乱世，后又遭遇"文革"浩劫的经历已有心理准备，但还是没有想到她吃过那么多苦。她作为女儿，其实跟父亲没见过多少面。抗战爆发，达夫送王映霞和郁飞、郁云两子回富阳避难，与她最后一面，父女竟"相逢如陌路"，读到这里，不能不唏嘘不已。黎民先生自小在外闯荡，当过抄写员、报社校对、战地记者、会计等等。在炮火连天中独自艰苦地谋生，好不容易在浙西一师高师部求学毕业后与深爱着她的邹陔笙喜结连理。1949年以后，她随丈夫在湖南担任中学教师，从语文教到数学，还担任班主任，为培养祖国花朵尽心尽力，尽管也已备受歧视。"文革"风暴骤起，她一家又成为"被押解的囚犯",赶回丈夫老家务农改造,以至她一度萌生去意……黎民先生的种种不幸遭遇,正是中国一代知识分子苦难的缩影。

《我这一生》不仅写出了黎民先生一己之坎坷命运,也为郁达夫研究提供了宝贵的史料。她对父母特别是《我的母亲——孙荃》《再忆我的母亲》二章,对母亲对达夫的一往情深,对母亲含辛茹苦培养达夫骨肉成人,追忆至为真切,虽然只是点点滴滴的小事,对认识孙荃夫人其人其诗其事却不可或缺。

尤其是书中对1985年夏秋北京郁达夫纪念会和富阳国际研讨会,记述甚详。达夫八个子女在达夫殉难整整四十年之后首次相聚于北京,这件事本身就令人感慨万分。而富阳的研讨会,有汪静之、许杰、楼适夷、柯灵、唐弢、黄源、王西彦、杨纤如、范用等达夫身前友好、文坛前辈出席,盛况空前绝后。我虽然也有幸与会,但时光悠悠,当时的具体情景已难以记忆。而《我这一生》中记录了黄源、楼适夷、柯灵、许杰、杨纤如、汪静之、唐弢等前辈的发言摘要,弥足珍贵。我不但得以重温,而且再次从中发现这些发言的重要价值。黄源追述达夫与鲁迅的交谊,柯灵阐发评价作家的"三个环节"、许杰回忆与达夫一见如故、汪静之赋诗赞扬达夫"绝无虚伪真名士",唐弢检讨他主编的《中国现代文学史》对达夫评价不足,直至今日仍会给研究者以莫大的启示。

除此之外,《我这一生》中还有不少回忆颇堪注意。如黎民先生写到1939年在浙西一中求学时,受到国民政府浙西行署主任贺扬灵的照拂，贺扬灵是达夫在武昌师范大学执教时的学生，著有新诗集《残叶》等；如1949年郭沫若给"黎明世侄"的半通书简残页；如1962年9月29日冰心在《光明日报》发表《郁达夫〈满江红〉词读后》对她的触动，引发她撰写悼念达夫的诗文（书中误记作1965年），等等，都是郁达夫生平和研究中不应该忽视的一鳞半爪。

总之，黎民先生这部《我这一生》是难能可贵的，值得一读的。作为后辈读者，我有幸先睹这部书稿，写下这些粗浅的感受，表达我对作者的感谢和敬意。同时，我由衷祝愿黎民先生健康长寿，期待下次见面，再共话达夫和孙荃夫人，这是我们共同的永远说不完的话题……

2013年5月12日于海上梅川书舍

（原载2013年8月2日上海《文汇读书周报·书人茶话》）

跋

我从1980年秋冬之间开始研究郁达夫，迄今已有整整四十个年头。本书就是我这四十年里研究郁达夫的各类文字的汇编。其中有旧作，有首次收集的，还有近年新写的。虽然我写得不多，但我的基本观点始终不变：郁达夫是20世纪中国文学史上的杰出作家和诗人，他的文学史地位不可磨灭。

老天安排我与郁达夫同一天出生，又安排我从事郁达夫研究，为此我深感荣幸。而今我已年过七旬，但愿在余下的时日里，我还能写出新的关于郁达夫的值得一读的文字。

是为跋。

陈子善

2020年7月10日

于海上梅川书舍